Nikola Hollmann & Andrea Slavik

Märchenhaft wandern

Unterwegs zu sagenhaften Orten am Niederrhein

aktiv
KLARTEXT

Bildnachweis

S. 12: picture alliance/dpa/Federico Gambarini,
S. 51 oben: Susanne Wingels, S. 8/9 travelpeter.
Alle übrigen Bilder stammen von den Autorinnen.

Bibliografische Information der Deutschen Nationalbibliothek
Die Deutsche Nationalbibliothek verzeichnet diese Publikation
in der Deutschen Nationalbibliografie; detaillierte bibliografische
Daten sind im Internet über portal.dnb.de abrufbar.

Impressum

1. Auflage Mai 2024
Satz und Gestaltung: Birgit Lonsdorfer
Lektorat: Kerstin Goldbach
Druck und Bindung:
AALEXX Druck Produktion, Thönser Str. 5a, 30938 Burgwedel
Umschlaggestaltung: Guido Klütsch
Umschlagabbildung: Andrea Slavik
Autorinnenfotos hintere Umschlagklappe: Andi Werner, Birgit Pichler
Karten: Leon Thomes/© OpenStreetMap-Mitwirkende

ISBN 978-3-8375-2603-5

KLARTEXT

Jakob Funke Medien Beteiligungs GmbH & Co. KG
Jakob-Funke-Platz 1, 45127 Essen
info.klartext@funkemedien.de
www.klartext-verlag.de

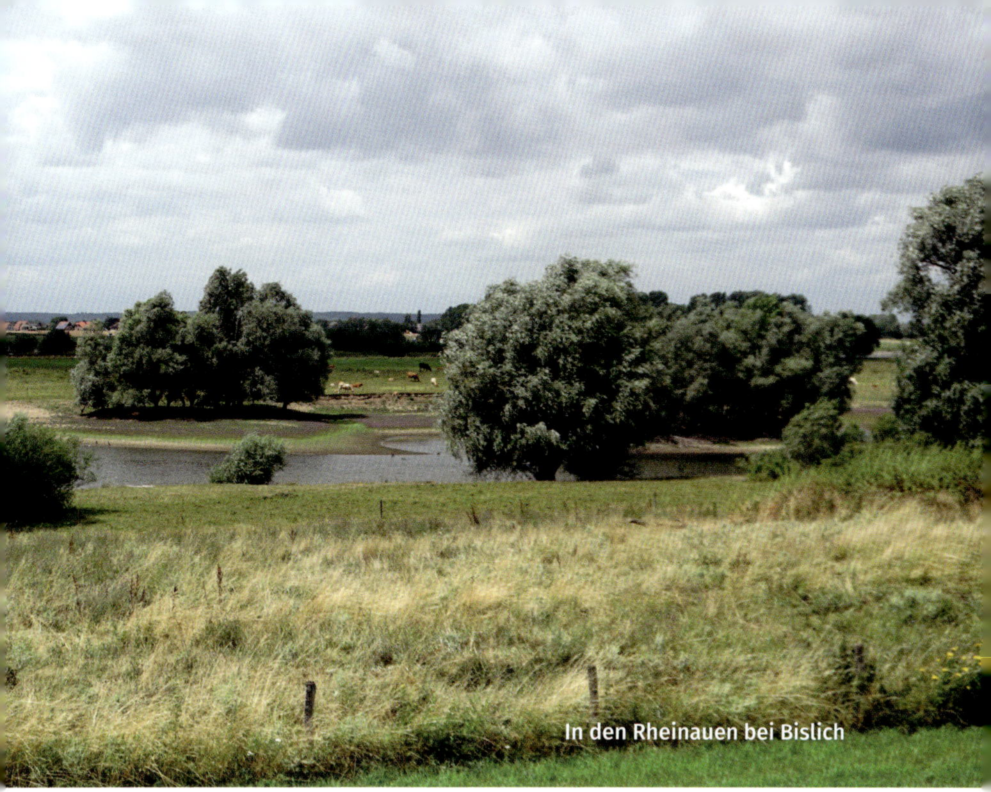

In den Rheinauen bei Bislich

Legende

Startpunkt	Zwischenziel	Zielpunkt
Haltestelle	Parkplatz	Gastronomie
Aussichtspunkt	Sehenswürdigkeit	Kunstobjekt
Freizeitspaß	Familienfreundlich	Fähre
Kulturstätte	Höhenmeter im Auf- und Abstieg	

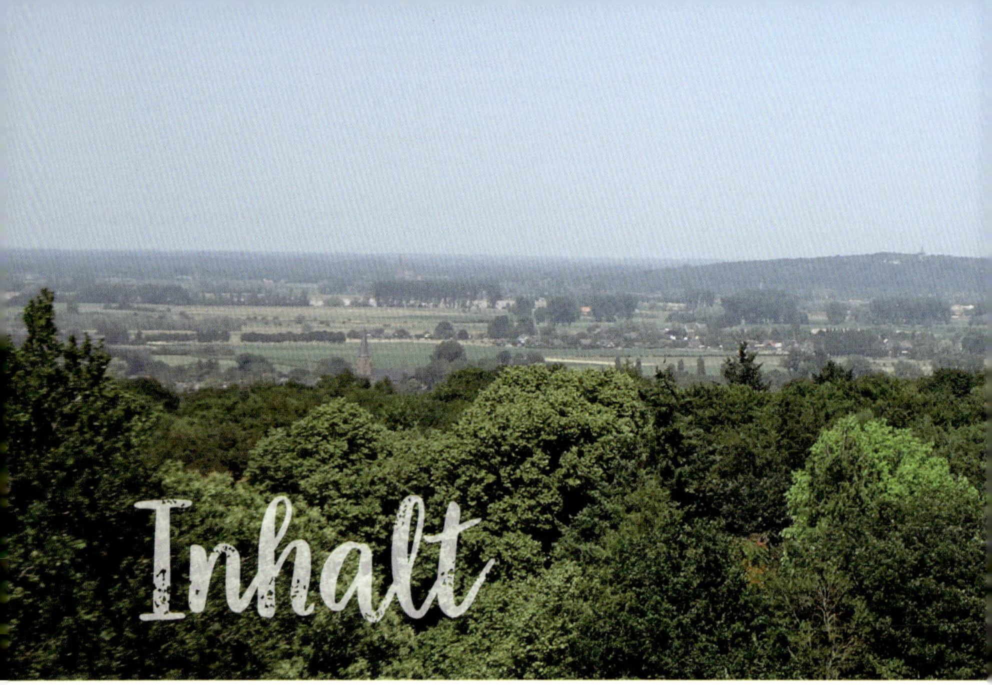

Inhalt

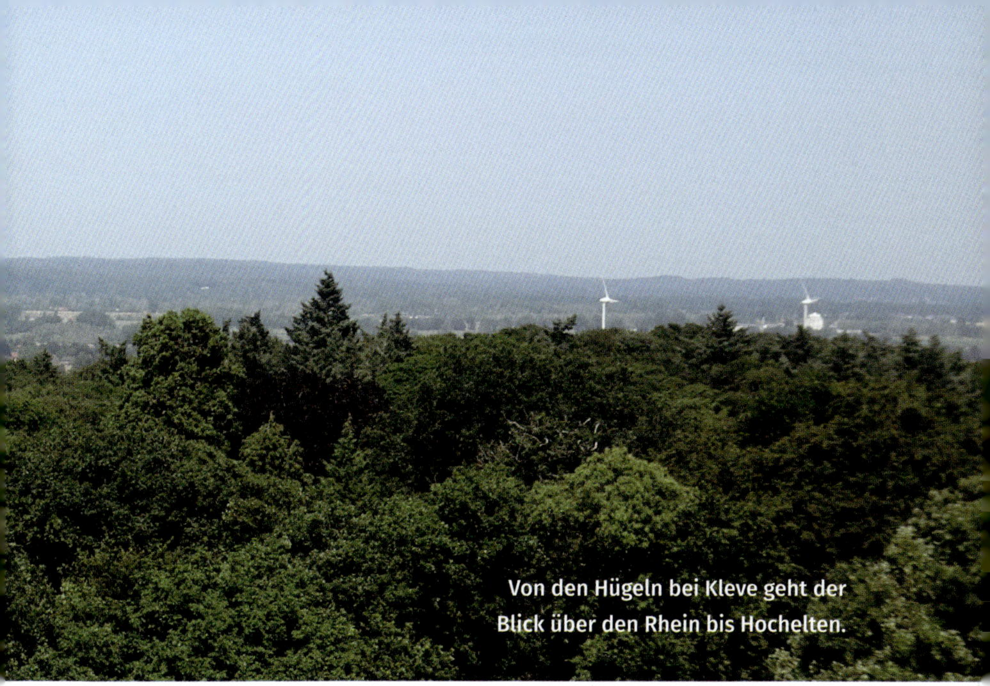

Von den Hügeln bei Kleve geht der Blick über den Rhein bis Hochelten.

Die Touren

Tour 1	Durch die grüne Lunge der Landeshauptstadt
Tour 2	Im Duisburger Stadtwald
Tour 3	Unterwegs in der Festungs- und Rheinstadt Wesel
Tour 4	Von Hochelten durch den Bergherbos
Tour 5	In und um Kleve
Tour 6	Von Kalkar nach Schloss Moyland
Tour 7	Von Xanten nach Bislich und zur Bislicher Insel
Tour 8	Durch die Maasduinen von Walbeck nach Arcen
Tour 9	Hinsbecker Höhen und Krickenbecker Seen
Tour 10	Auf und um den Hülser Berg
Tour 11	Von Brüggen zur Elmpter Kapelle
Tour 12	Von Wassenberg zum Haus Wildenrath

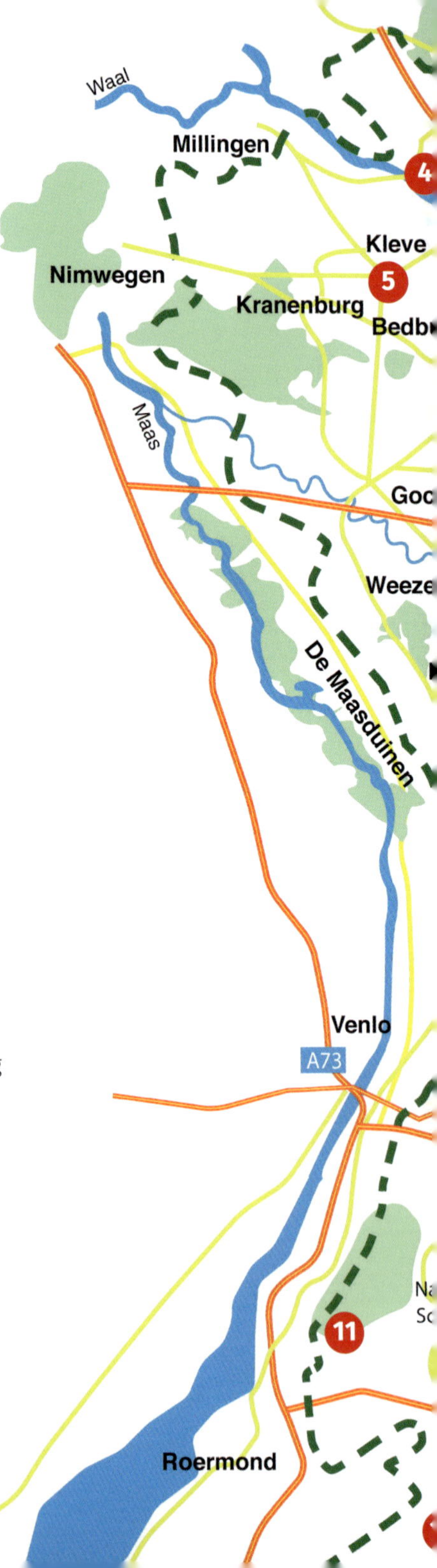

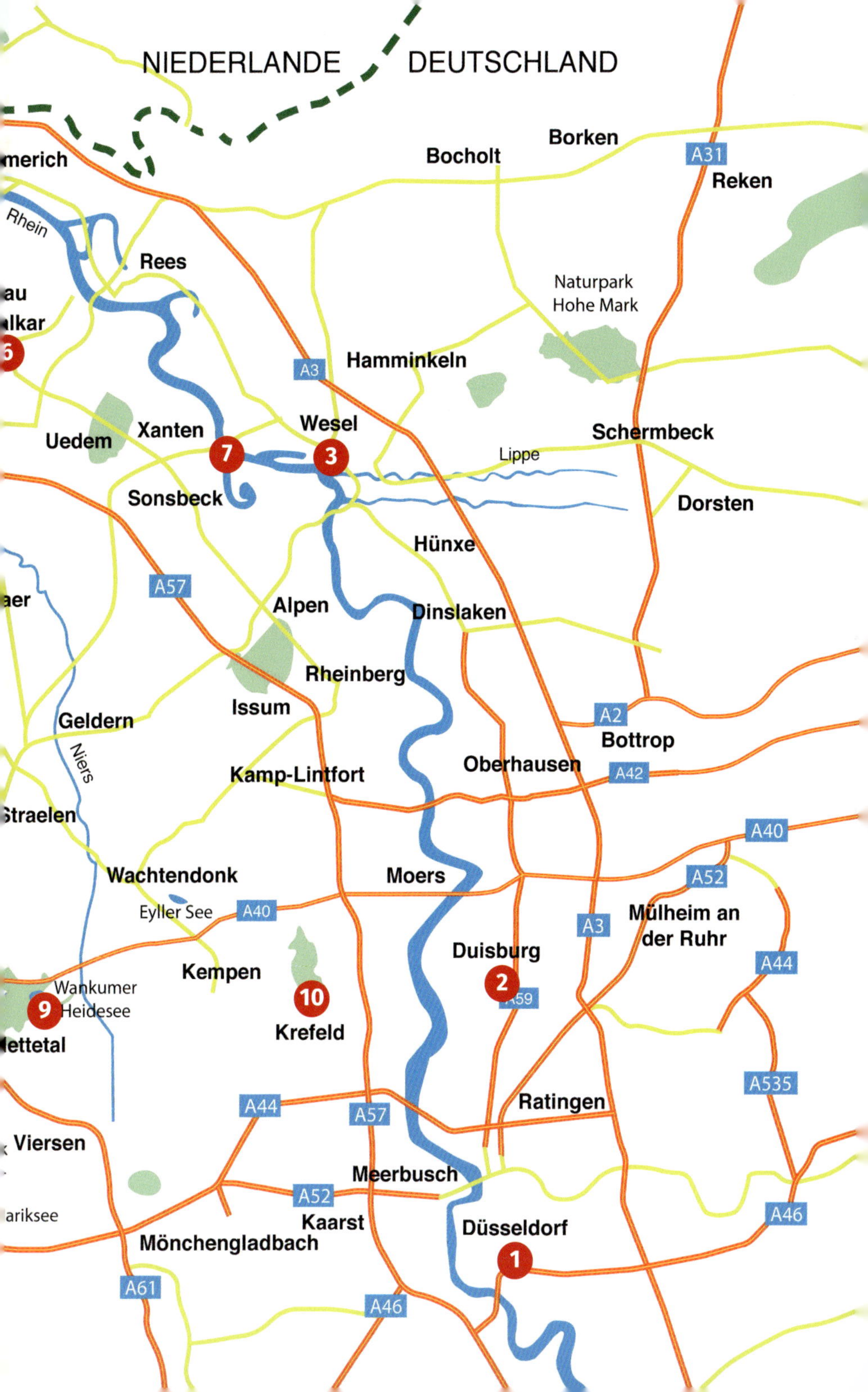
NIEDERLANDE
DEUTSCHLAND
merich
Bocholt
Borken
A31
Reken
Rhein
Rees
au
lkar
6
Naturpark
Hohe Mark
A3
Hamminkeln
Xanten
Uedem
Wesel
7
3
Schermbeck
Lippe
Sonsbeck
Dorsten
Hünxe
A57
aer
Alpen
Dinslaken
Rheinberg
Issum
Geldern
A2
Bottrop
Niers
Oberhausen
A42
Kamp-Lintfort
Straelen
A40
Wachtendonk
Moers
A52
Eyller See
A40
Mülheim an
der Ruhr
A3
Duisburg
Kempen
A44
2
A59
Wankumer
Heidesee
9
10
Krefeld
ettetal
A535
A44
A57
Ratingen
Viersen
Meerbusch
A52
ariksee
Kaarst
A46
Düsseldorf
Mönchengladbach
1
A61
A46

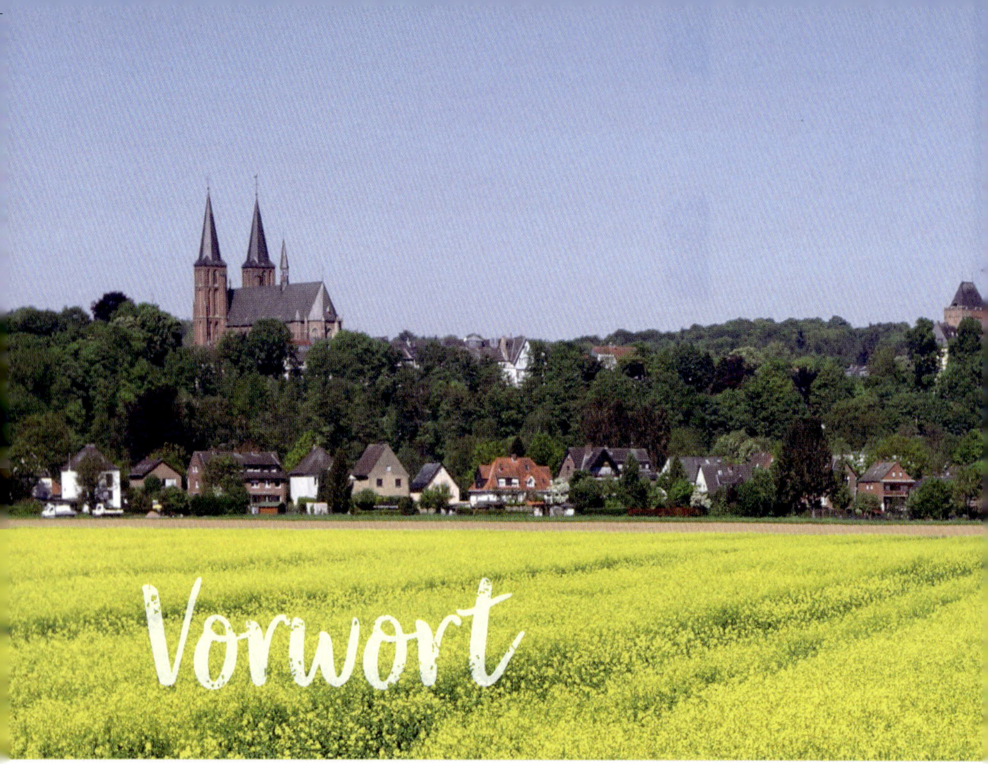

Vorwort

Märchenhaft wandern am Niederrhein

Liebe Leserinnen und Leser,
wir laden Sie ein, uns auf diesen Wanderungen zu märchenhaften Orten am Niederrhein zu begleiten: die Natur erleben, Geschichten lesen, fantasievoll durch die alten Schauplätze schlendern, das Kindliche in uns wiedererwecken und vielleicht selbst das ein oder andere Abenteuer erleben.
Sehr abwechslungsreich ist diese Region: Von den Metropolen am Rhein bis zur niederländischen Grenze bietet sie grüne Auen und sandige Dünenlandschaften und auf beiden Seiten des Flusses die Höhenzüge, die die letzte Eiszeit hinterlassen hat. Dort finden sich erstaunlich viele als heilkräftig verehrte Quellen und Kultorte und jede Menge Legenden und Sagen.
Man müsste weit zurückgehen, wenn man die Geschichte des Niederrheins beschreiben wollte: Siedlungen sind an vielen Stellen aus der Jungsteinzeit belegt, später hinterließen die Kelten ihre Spuren

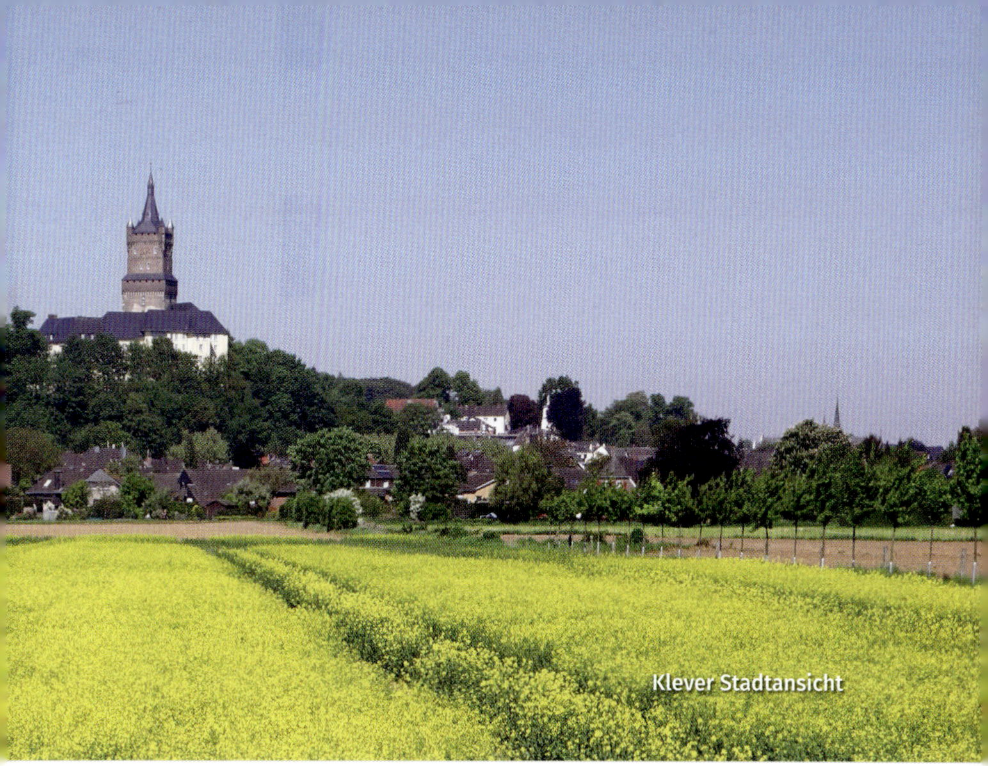

Klever Stadtansicht

wie etwa auf dem Hülser Berg bei Krefeld. Danach kamen die Römer. Für deren Zeit bietet vor allem Xanten bis heute ein eindrückliches Beispiel. In den nachfolgenden Jahrhunderten hinterließen uns auch die Kurfürsten, Grafen, Herzöge und Äbte sagenhafte Orte: Burgen, Schlösser und Klöster – für uns heute immer noch besondere Ausflugsziele.

Dieses Buch bietet Ihnen Dreierlei: Wanderungen durch besonders schöne Regionen am Niederrhein, kurze Erklärungen zu Sehenswürdigkeiten am Weg und vor allem märchenhafte Geschichten. Die meisten haben ihren Ursprung in historisch belegten Ereignissen, Legenden oder Sagen – manche jedoch sind einfach unserer Fantasie entsprungen.

Lassen Sie sich von uns entführen in eine andere Zeit – auf märchenhaften Wegen am Niederrhein.

Andrea Slavik und Nikola Hollmann

Düsseldorf mal anders

Durch die grüne Lunge der Landeshauptstadt

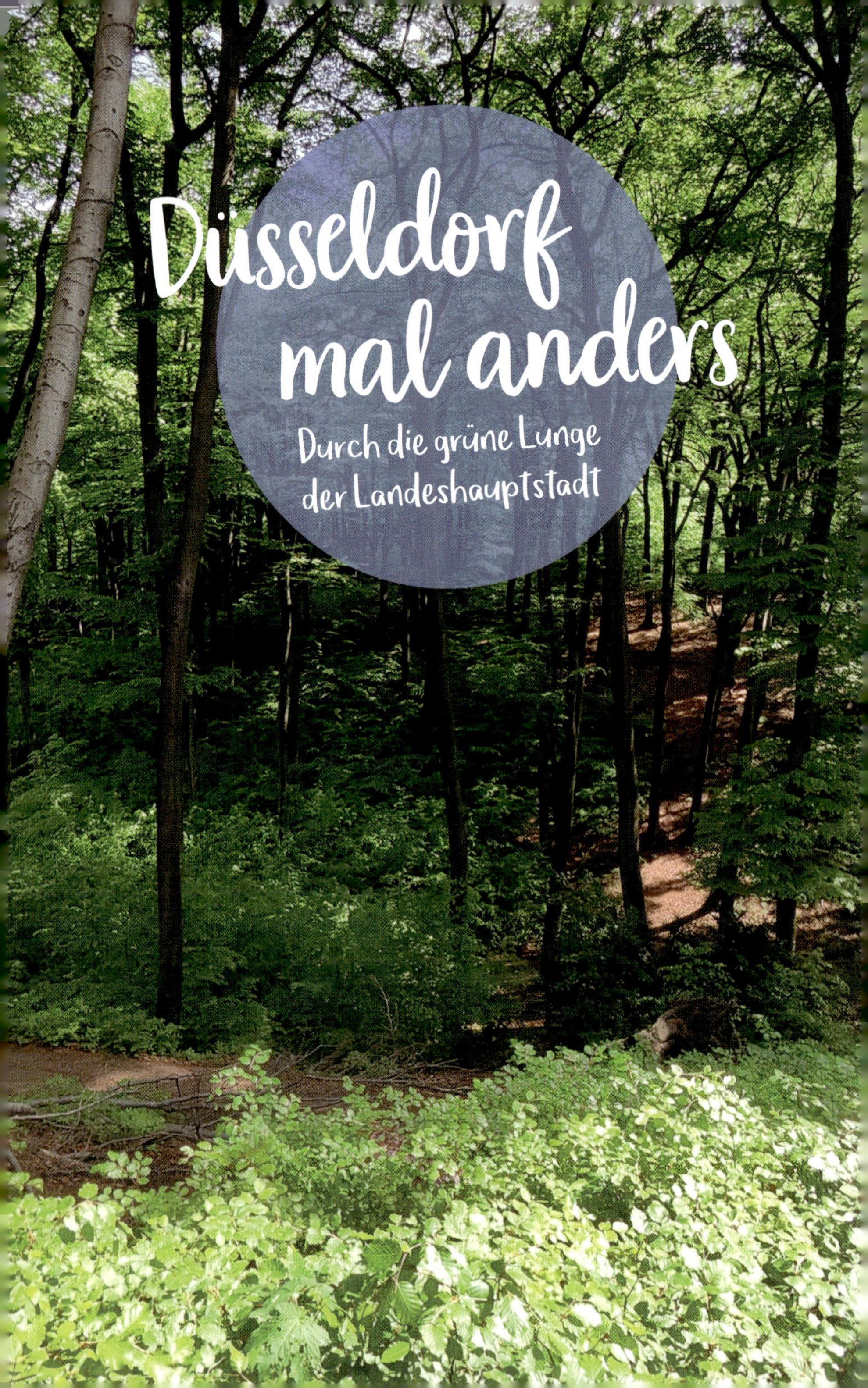

Vorurteile gibt es genug über die Landeshauptstadt, und die beiden häufigsten lauten: alles zu teuer, alles zu versnobt. Diese Wanderung beweist das Gegenteil. Da ist zunächst der Wildpark, und nur wer Futter für die Tiere kaufen will, muss überhaupt den Geldbeutel zücken – um eine einzelne Euromünze zu suchen. Der Eintritt ist nämlich frei. Dann die Gastronomie: eher rustikal gemütlich als edel. Und der alte Buchenwald lässt fast vergessen, dass die Stadt direkt am Fuße des Höhenzugs beginnt, der hier das Rheintal begrenzt. Zu guter Letzt die mystischen Frauensteine: Düsseldorf von seiner anderen Seite ist ein Wanderparadies!

Tour 1

2:30 Std. | 9 km | 208 m

Start: Staufenplatz, 40629 Düsseldorf
Wegbeschaffenheit: gute Waldwege, wenig Asphalt, kein Verkehr
Parkplatz: Staufenplatz Düsseldorf
Anreise mit ÖPNV: Bus- und Straßenbahnhaltestelle Staufenplatz

Blick von den Frauensteinen in den Aaper Wald

Wegbeschreibung: Die Runde durch den Aaper Wald startet am Staufenplatz. Von der Haltestelle beziehungsweise vom Parkplatz wenden wir uns stadtauswärts, überqueren die Ernst-Poensgen-Allee und gehen schräg links in die Sackgasse Bismarckweg.

An deren Ende treten wir durch die Schranke in den Wald und wählen an der mehrarmigen Kreuzung den dritten Weg von rechts. Ein Stein mit der Aufschrift „Wolfsschlucht" versichert uns, dass wir auf dem richtigen Weg sind.

An einem Querweg angekommen wenden wir uns zunächst nach rechts, um gleich darauf links abzubiegen und nach rechts die Straße Richtung Wildpark zu überqueren. Links des Parkplatzes passieren wir das Eingangstor. Es ist geöffnet von 9 bis 19 Uhr.

Tipp

Wildpark Grafenberger Wald

Eintritt frei für den städtischen Wildpark! 365 Tage im Jahr ab 9 Uhr geöffnet präsentiert das 40 Hektar große Areal heimische Wildtierarten – und einige wenige Zuzügler wie Waschbären oder Mufflons. Etwa 100 Tiere leben hier in großzügigen Gehegen. Wer die Tiere füttern möchte, darf seine Äpfel und Möhren mit ihnen teilen. Oder – wer diese lieber selbst nascht, kann für einen Euro Futter aus Automaten ziehen.

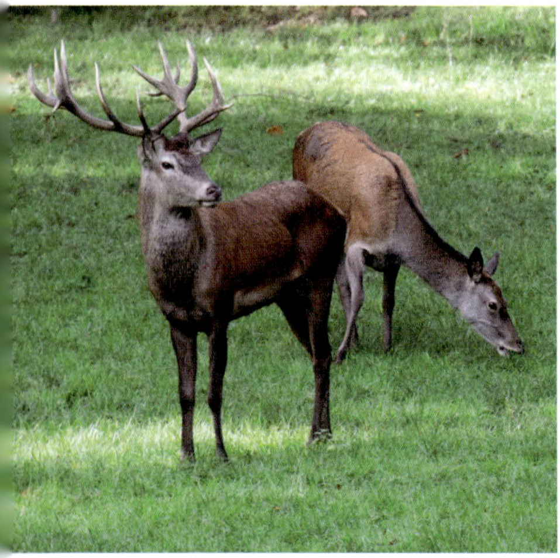

Achtung Hundebesitzer! Für Hunde ist das Betreten des Wildparks auch angeleint verboten! Wer ein Tier dabei hat, geht am besten rechts um das Gelände herum und trifft am Gerresheimer Tor wieder auf die hier beschriebene Route.

www.wildpark-duesseldorf.de

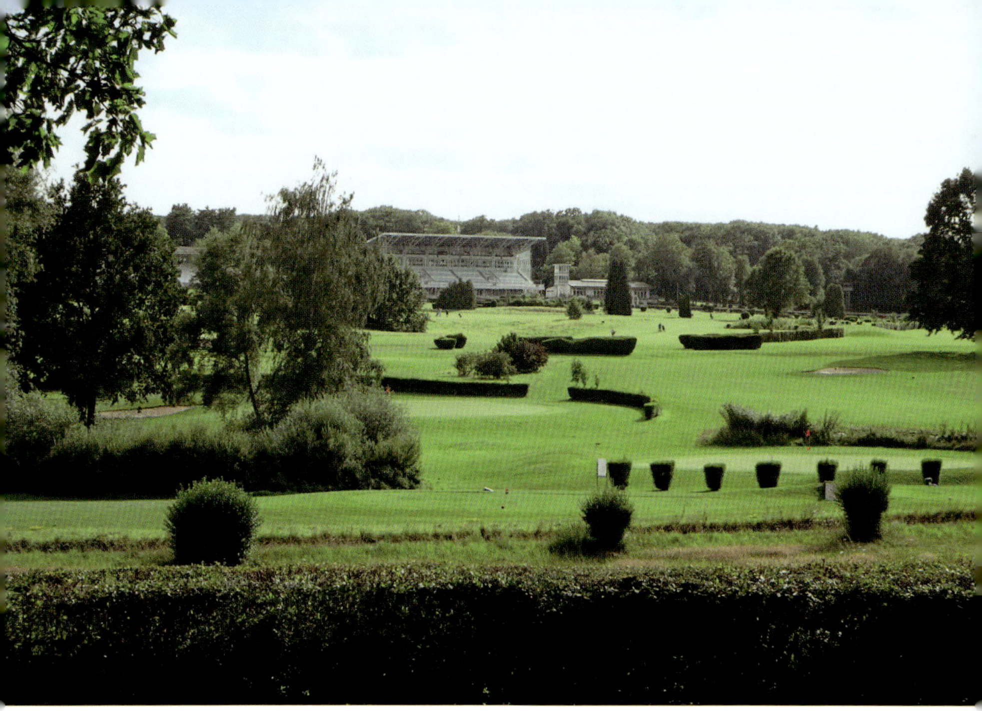

Die Route führt an der Pferderennbahn vorbei.

Ein markierter Wanderweg führt durch den Park. Am anderen Ende des Geländes treten wir durch das Gerresheimer Tor wieder hinaus. 50 Meter dahinter treffen wir auf einen Querweg, in den wir nach links einschwenken. An der Gabelung folgen wir der Raute und dem D nach rechts. Übrigens: Wer hier den Abstecher nach links macht, wird mit einer guten Sicht auf die Rennbahn belohnt.
Mit Blick auf den Golfplatz geht es also auf dem Weg mit der Raute weiter, bis der Hauptweg in der Talsohle eine scharfe Kurve nach rechts beschreibt. Dort halten wir uns auf dem linken schmalen Pfad geradeaus und nutzen die erste Möglichkeit, um rechts hinauf zur kleinen Straße zu gehen. Dort links abgebogen wenden wir uns bei erster Gelegenheit nach rechts, überqueren am Waldrand die Zufahrt und wandern geradeaus im Wald bergauf.
Oben angelangt gehen wir gegenüber der Rutsche auf dem kleinen Spielplatz nach links. Der Dachsbergweg leitet uns bis zu einem Trinkbrunnen, hinter dem wir links abbiegen auf den Aaper Höhenweg. An der Gabelung gleich dahinter halten wir uns der Raute folgend links.

Wir bleiben nun eine ganze Weile auf dem Höhenweg, bis wir auf eine Dreieckskreuzung stoßen. Gegenüber dem Stein, auf dem der Aaper Höhenweg geschrieben steht, führt die Raute vor einer Bank nach rechts. Auch der gelbe Pfeil auf grünem Grund weist nach rechts.

An der Gabelung folgen wir der Raute nach links bergauf. Oben steht eine Tafel, die die Frauensteine beschreibt, die nun rechts unterhalb liegen. Nachdem wir sie besucht haben, bleiben wir auf dem breiten Weg mit der Raute, dem Wilhelm-Suter-Pfad. Dieser erreicht an einem kleinen Trimm-dich-Platz zunächst wieder den Höhenweg und dann rechts einen Querweg. Dort verlassen wir die Raute und gehen links. Vor der Hauseinfahrt lassen wir uns nach rechts weiterleiten bis zur Kreuzung an der Schutzhütte. Dort folgen wir dem asphaltierten Weg nach rechts und um den Spielplatz herum zur Straße.

Von der Rennbahnstraße lassen wir uns nach links bis zum Restaurant Zum Trotzkopf führen. Dort überqueren wir die Straße und nehmen hinter der Bushaltestelle den breiten Fuß- und Radweg ins Landschaftsschutzgebiet.

Nach gut 200 Metern nutzen wir die Abzweigung nach rechts, dort, wo rechts eine Bank steht. An der Gabelung gehen wir links und an der nächsten Bank vorbei nach links weiter auf dem Grafenberger

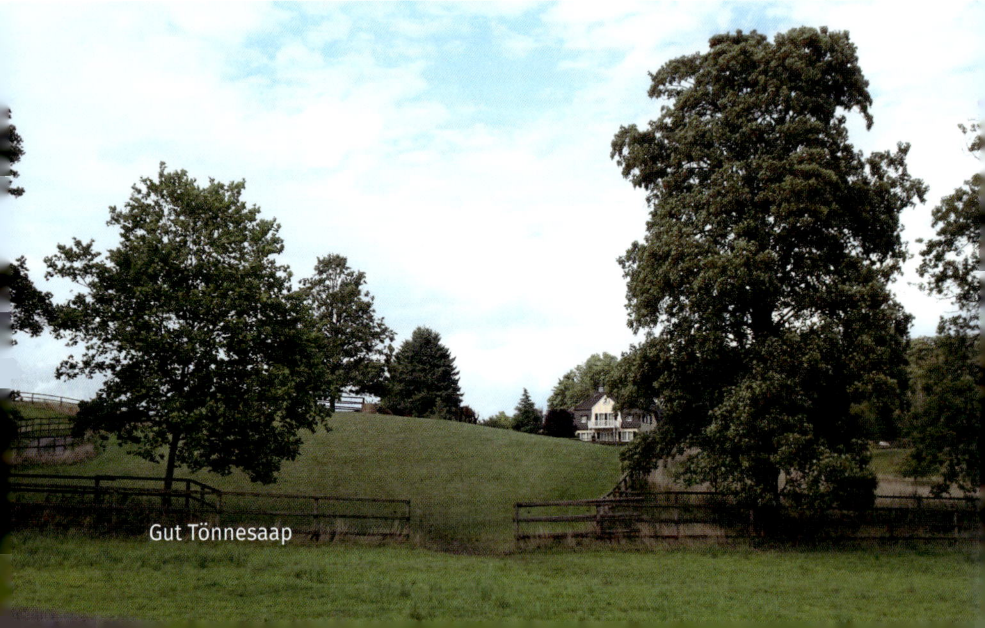

Gut Tönnesaap

Am Weg

Frauensteine

Im Volksmund werden die Frauensteine im Aaper Wald auch Siebensteine genannt oder – nach den geheimnisvollen Weißen Frauen – Witte Wiewerkes. Viele Sagen und Legenden werden über die Steine im Godesbusch erzählt, wie der Wald früher einmal hieß: Gottesbusch. Angeblich diente der Ort als Zuflucht, als Opfer- oder Kultstätte. Archäologische Belege gibt es dafür nicht, aber bis heute werden die Steine in besonderen Nächten aufgesucht für Feste und Rituale.

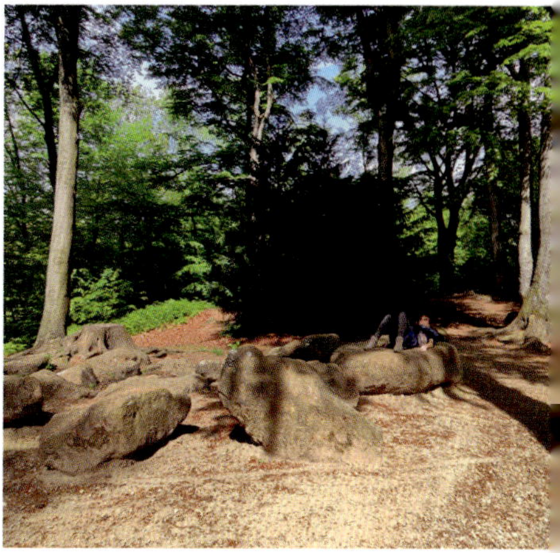

Höhenweg. Diesem folgen wir über den breiten Querweg hinweg. Links befindet sich nun ein großer Spielplatz, und dahinter nehmen wir den Wanderweg A3 nach rechts bergab.
Nun lassen wir uns vom Trimmpfad über den nächsten Querweg führen und an der T-Kreuzung nach rechts. Nach der nächsten Station wandern wir an der Kreuzung links hinunter. So erreichen wir wieder den Staufenplatz.

Gastronomie

Waldgasthof Gut Wolfsaap, Bauenhäuser Weg 100, 40472 Düsseldorf (hinter dem Reitstall Prange), Tel. 0211/295011, www.waldgasthof-gutwolfsaap.de
Zum Trotzkopf, Rennbahnstraße 7a, 40629 Düsseldorf, Tel. 0211/622125, https://zumtrotzkopf.metro.rest
Grafengrün, Rennbahnstraße 24–26, 40629 Düsseldorf, Tel. 0211/9649514, www.grafengruen.org

Die sieben Schwestern und die Witte Wiewerkes

Vor 35 Millionen Jahren sind sie entstanden – die Frauensteine: Als sich das Meer zurückgezogen hatte, blieben die besonderen Quarzitsteine im heutigen Aaper Wald zurück. Viele Legenden und Mythen ranken sich um sie. Sind sie Heilsteine, Kultsteine oder der Eingang in die mystische Welt der weißen Weiberchen? Vor allem Frauen und Mädchen folgen bis heute der Einladung der Witte Wiewerkes in den Aaper Wald – jeder Stein für sich allein ist kraftvoll, aber erst in der Formation entwickeln sie ihre spezielle Energie. Lasst euch überraschen!

Es war einmal bei Düsseldorf – als es dort noch keine große Stadt gab, sondern nur einige wenige Siedlungen auf den Hügeln. In dieser Zeit wohnten dort sieben Schwestern mit ihrer Mutter, eine Witwe. Doch die wurde schwer krank, als das jüngste Kind erst zwei Jahre alt war.
Als es mit ihr zu Ende ging, rief sie alle ihre Töchter zu sich ans Sterbebett: „Es gibt ein Geheimnis um die Frauen unserer Familie. Wir sind mit besonderen Gaben ausgestattet. Diese bleiben euch nur erhalten, wenn ihr unverheiratet und ohne Kinder bleibt. Ob das euer Weg ist und welche Gabe die eure ist, das werdet ihr im Laufe der Zeit erfahren."
Die Mädchen, die wie die Orgelpfeifen am Sterbebett standen, konnten in ihrem Schmerz und ihrer Trauer gar nicht begreifen, was die Mutter ihnen da erzählte. Nur Marte, die älteste der Schwestern, antwortete: „Liebe Mutter, wie sollen wir mit diesem Schicksal leben und uns zurechtfinden, ohne dass du uns dabei begleitest?"
„Geht zu den Steinen, die wir immer schon gemeinsam besucht haben. Sie sind der Eingang in eine magische Welt. Dort werdet ihr Hilfe bekommen,wenn ihr nicht mehr weiterwisst." Marte hielt die Hand der Mutter: „Ja, Mütterlein, das werden wir machen. Du kannst diese Welt mit leichtem Herzen verlassen. Ich kümmere mich um meine Schwestern,bis sie erwachsen sind. Es wird ihnen an nichts fehlen. Das verspreche ich dir."

Bei diesen Worten schloss die Mutter für immer die Augen und die Mädchen waren von der Stunde an auf sich gestellt.
Obwohl Marte noch so jung war, schaffte sie es, für ihre Schwestern ein ruhiges und sicheres Heim zu schaffen. Nie war die Ernte dahin, nie von Hagel, Dürre oder Frost zerstört. Immer schien es, dass in den Gärten der Mädchen doppelt so viel wuchs wie bei den anderen. Die zwei Kühe und sieben Schafe gaben mehr Milch und die 13 Hühner legten mehr Eier. So blieben den Mädchen immer auch Güter übrig, die sie auf dem Wochenmarkt verkaufen oder tauschen konnten. Sie litten nie Hunger und konnten das Nötigste erwerben.
Schulen gab es zu dieser Zeit noch nicht, deshalb arbeiteten alle auf dem kleinen Hof mit und jede hatte ihre Aufgabe: Die eine konnte besonders gut Brot backen, die nächste bestellte die Felder, die dritte kümmerte sich aufopfernd um die Tiere.
Was die jüngeren Schwestern allerdings nicht wussten: Marte ging seit dem Tod der Mutter jeden Freitag zu den Steinen im Wald. Sie legte dort Opfergaben ab: mal ein Ei, mal ein Stück Brot, mal eine Frucht.
Sie sprach dann immer die Worte: „Oh Steine, seid mir immer nah. Seid Halt und Schutz mir immerdar." Beim ersten Mal war das Mädchen noch erstaunt darüber, dass nach ihren Worten ein strahlender Lichtpunkt von einem Stein zum nächsten hüpfte. Später freute sie sich über dieses Spektakel, denn es schien, als wäre das Licht ein lebendiges Wesen. Manchmal hörte Marte dann eine glockenhelle Stimme, die ihr einen weisen Rat mit auf den Weg gab, der ihr half, sich gut um ihre Schwestern zu kümmern.
Die Mutter hatte alle zwei Jahre, immer am selben Tag – am 31. Oktober, in der Nacht von Samhain, dem Fest der Ahnen – eine Tochter geboren. Deshalb wurde im Hause der sieben Schwestern an diesem Tag nicht nur das neue Jahr begrüßt, wie es zu dieser Zeit üblich war, sondern auch sieben Geburtstage gefeiert.
Marte ging, wie jedes Jahr, zu den Steinen im Wald und bald erschien das strahlende Licht: „Du wirst heute 17 Jahr', du musst dich entscheiden. Willst du heiraten oder wirst du eine von uns?" hörte sie die glockenhelle Stimme flüstern. Es war das erste Mal in all den Jahren, dass sie eine Frage gestellt bekam und nicht einen hilfreichen Rat erhielt.

„Mehrere haben mich schon um meine Hand gebeten", antwortete Marte leise: „Aber ich habe der Mutter versprochen, mich um meine sechs Schwestern zu kümmern, bis jede ihr eigenes Leben führen kann. Dann bin ich zu alt, um zu heiraten."
„Es geht nicht darum, ob du zu alt bist", flüsterte die Stimme, „es geht darum, ob du heiraten möchtest."
„Das kann ich doch jetzt noch nicht wissen", rief die junge Frau etwas genervt. Dann sammelte sie sich und antwortete mit fester Stimme: „Ich kann nur so viel sagen, dass ich nicht heiraten werde, solange meine Schwestern nicht erwachsen sind."
„Du bist ein weises Mädchen. Du wirst im Laufe der Jahre wissen, wie du dich entscheiden möchtest", flüsterte die Stimme: „Wir werden euch weiterhin beschützen."
Die Jahre vergingen und die Mädchen wurden größer, die kleinste war mittlerweile neun Jahre alt und Marte 21. Sie war die schönste der sieben Schwestern. Alle jungen Männer der Gegend wollten sie zur Frau, doch sie wies sie alle mit den Worten ab: „Mein Versprechen gilt: Bis auch die letzte meiner sechs Schwestern ihr eigenes Leben führen kann, bleibe ich unverheiratet."
Doch die Kunde der schönen Marte verbreitete sich über die Lande und es kam der Tag, an dem ein junger Fürst angeritten kam. Auf einem weißen Ross stob er über die Hügel zum Haus der sieben Schwestern. Er war jung und schön und alle anderen Schwestern waren von ihm hingerissen, nur Marte nicht. Sie blieb standhaft und lehnte den Antrag des Fürstensohnes mit den immer gleichen Worten ab: „Mein Versprechen gilt: Bis auch die letzte meiner sechs Schwestern ihr eigenes Leben führen kann, bleibe ich unverheiratet."
„Du wagst es, meinen Antrag zu verschmähen?" schrie der junge Mann in seinem Schmerz: „Du wirst sehen, dass ich euer Leben zur Hölle machen werde. Du wirst keinen glücklichen Tag mehr haben. Mich weist keine Frau zurück! Das wirst du bitter bereuen und deine sechs Schwestern mit dir."
Und so kam es: Der Fürstensohn hatte Macht und Einfluss und schickte ein ganzes Jahr lang seine Diener aus, um alles zu zerstören, was im Garten der Schwestern wuchs. Die Tiere wurden krank und die Schwestern mussten zum ersten Mal Hunger leiden. Denn der Fürstensohn

nahm auch die sieben Steine aus dem Wald. Er hatte gehörte, dass Marte diesen Ort liebte und wollte ihn zerstören. So war Marte nun das erste Mal seit dem Tod der Mutter wirklich ganz auf sich allein gestellt. Nach einem Jahr kam der junge Fürstensohn wieder zum Haus der sieben Mädchen. Diesmal waren die Schwestern nicht mehr verzückt, als er an die Tür hämmerte und schrie:

„Bist du jetzt endlich bereit, stolze Marte, mich zu deinem Mann zu nehmen?“ Doch Marte hatte ein mutiges und reines Herz und sprach: „Mein Versprechen gilt: Bis auch die letzte meiner sechs Schwestern ihr eigenes Leben führen kann, bleibe ich unverheiratet.“

Der Fürstensohn zog sein Schwert aus der Scheide: „Du wirst dieses Haus nicht lebend verlassen, wenn du mich nicht heiratest. Ich will dich haben!“ schrie er bebend vor Zorn. Marte aber blieb ruhig, ging mit ihm vor das Haus und deutete ihren Schwestern sich zurückzuziehen.

Sie hob, wie von Geisterhand gelenkt, beide Arme nach oben. Der Fürstensohn dachte schon, dass sie sich ihm ergeben würde, doch sie rief: „Ihr weisen Frauen – sieben an der Zahl, kommt zu unsrer Hilf‘ und befreit uns von der Qual.“ Und bevor der eitle Bursche noch sein Schwert zücken konnte, waren sieben Lichter wie aus dem Nichts um ihn herum. Die hellen Lichter verwandelten sich in sieben strahlende Frauen in langen weißen Gewändern. Sie reifen: „Geh zurück in dein Fürstentum, dort wirst du deine gerechte Strafe finden. Hier hast du nichts mehr zu suchen. Geh!“ Und in dem Moment hob ein starker Wirbelwind den Fürstensohn und sein weißes Ross in die Lüfte und trug sie davon. Als das Spektakel vorbei war, waren auch die sieben Frauen verschwunden. Die Schwestern umarmten und drückten sich. Sie konnten nicht glauben, was passiert war. Nur Marte wusste, wer die sieben weißen Weiberchen gewesen waren.

Von diesem Tag an war es wieder wie früher: Die Früchte wuchsen, die Tiere waren gesund und die Mädchen wohlgenährt und fröhlich. Und im nahen Wald lagen wieder die sieben Steine.

Und was glaubt ihr: Wird die schöne Marte doch noch heiraten, wenn alle Schwestern aus dem Haus sind? Oder wird sie eine der weißen Weiberchen? Vielleicht bekommt ihr die Antwort im Aaper Wald – bei den Frauensteinen. Vielleicht hört ihr dort eine glockenhelle Stimme eine Geschichte flüstern.

Tour 1

- Startpunkt
- Zwischenziele
- Parkplatz
- Haltestelle
- Zielpunkt
- Gastronomie
- Freizeitspaß
- Familienfreundlich

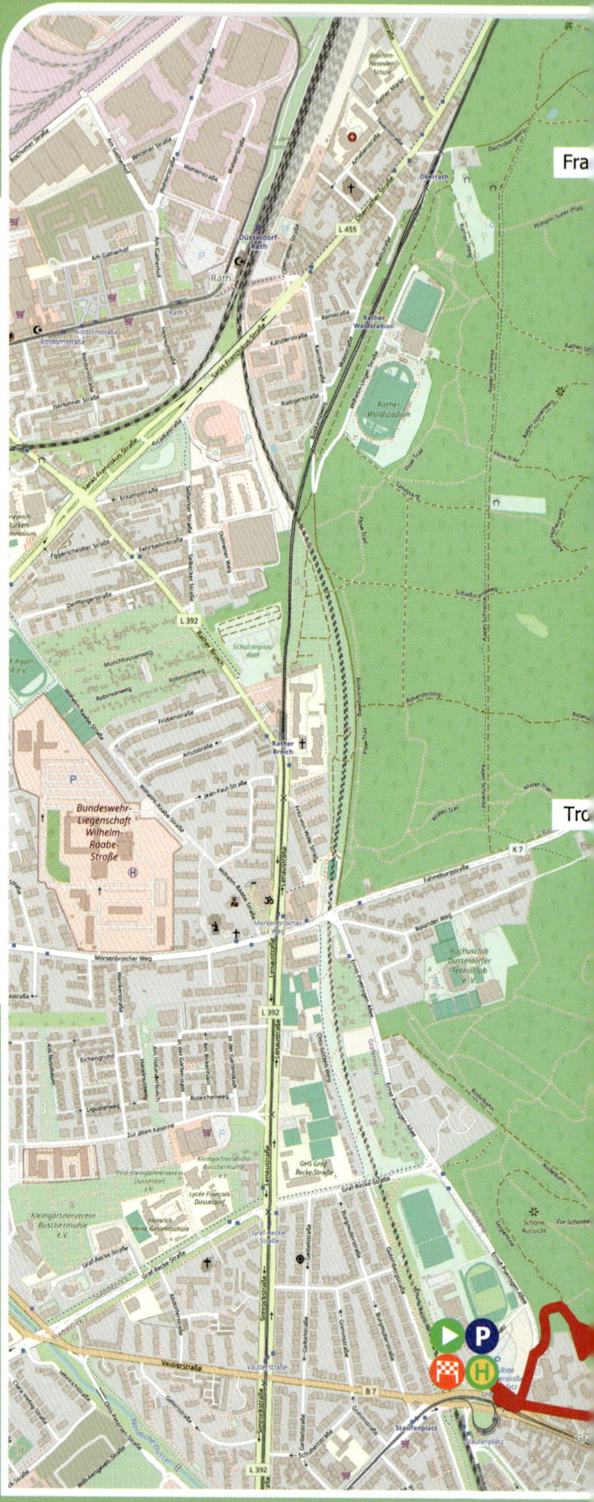

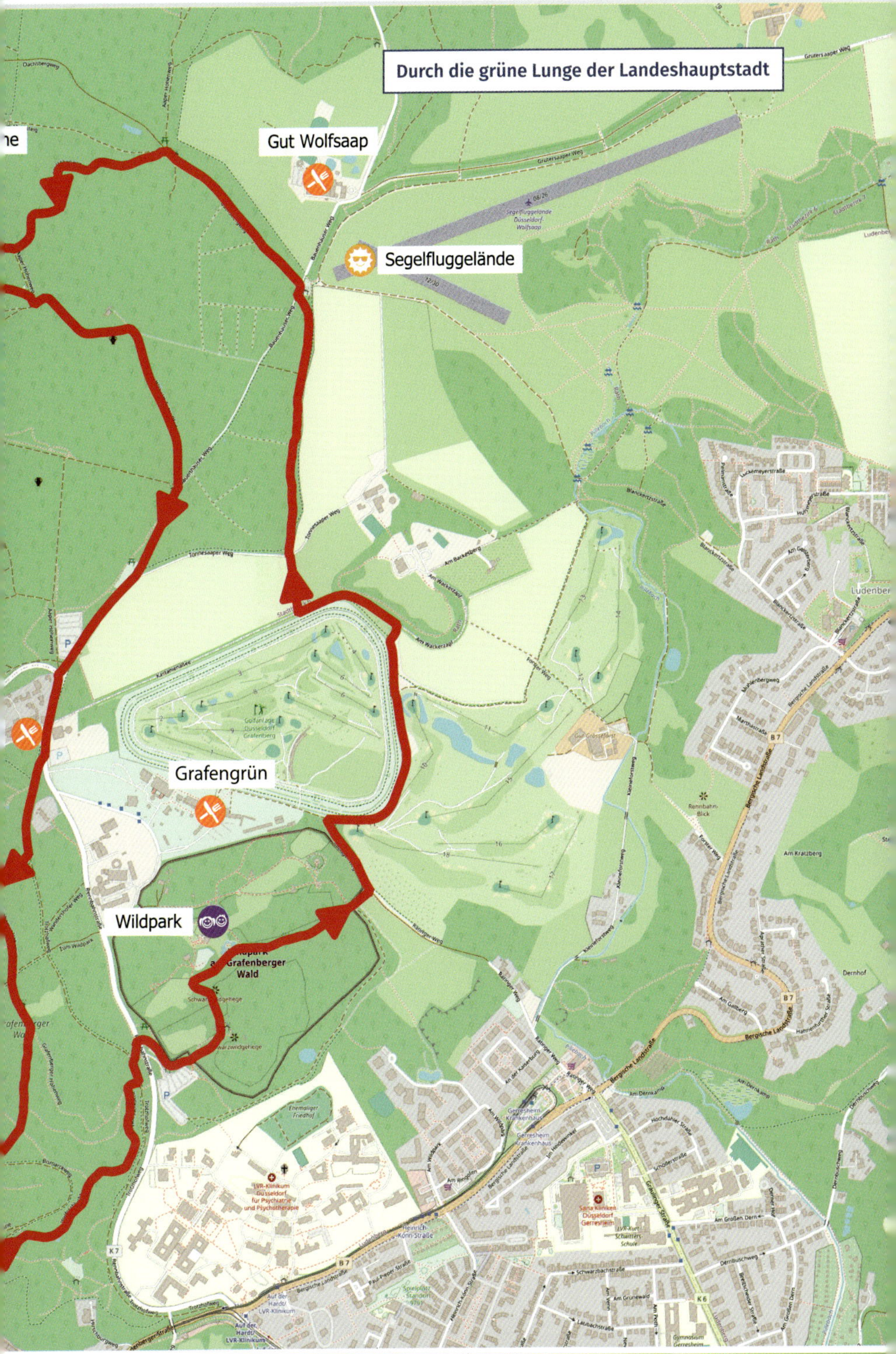

Durch die grüne Lunge der Landeshauptstadt
Gut Wolfsaap
Segelfluggelände
Grafengrün
Wildpark

Wald statt Kohle

Im Duisburger Stadtwald

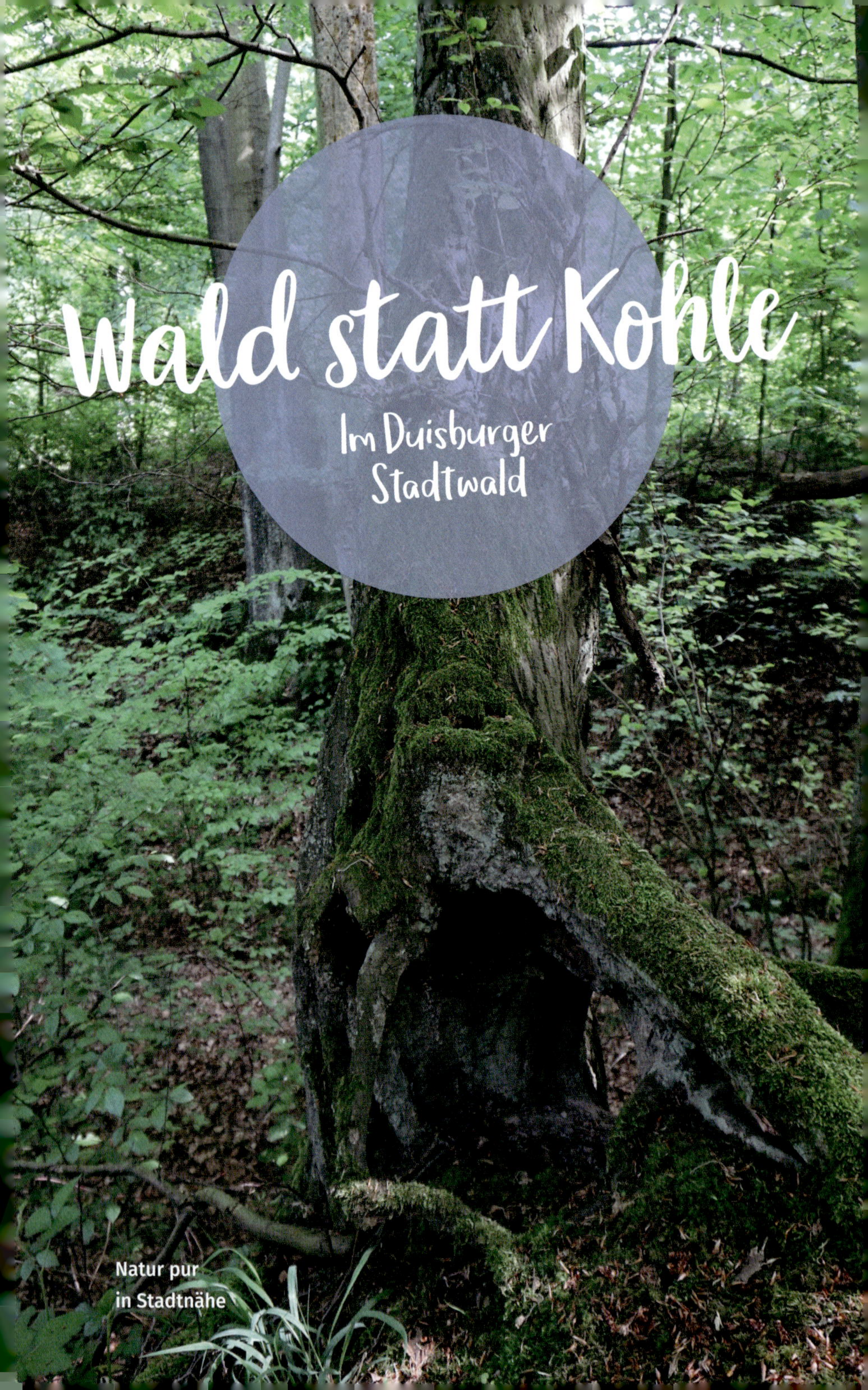

Natur pur
in Stadtnähe

Wer sich auf diese Wanderung begibt, wird dankbar sein dafür, dass es unter dem Duisburger Stadtwald keine Kohle gibt. Oft genug wurde danach gesucht, das erste Mal im 16. Jahrhundert. Aber nichts zu machen. Keine Kohle. Dafür ein riesiges Waldgebiet, Rest eines Reichsforstes, der lange Zeit den Herzögen von Berg gehörte. Wer sich auf diese Runde durch den Duisburger Stadtwald begibt, wird erstaunt sein: Hier wartet ein echtes, ursprüngliches Walderlebnis auf Erholungssuchende und der Lärm der nahen Stadt und des dichten Verkehrs bleibt draußen.

Tour 2

2:40 Std. | 10,2 km | 85 m

Start/Ziel: Parkplatz Ganghoferweg, 45479 Mülheim an der Ruhr
Wegbeschaffenheit: überwiegend Waldpfade, Forstwege
Parken: Parkplatz Ganghoferweg
Anreise mit ÖPNV: Bus- und Straßenbahnhaltestelle Mülheim-Uhlenhorst

Wegbeschreibung: Wir starten am Wanderparkplatz am Ganghoferweg und folgen diesem entlang der Sportstätten. Den Broicher Waldweg überqueren wir und nehmen die nächste Abzweigung nach rechts. Diese liegt etwas versteckt hinter einer Bank, von der aus ein Pfad wegführt, der hier mit den pinken Wegmarkierungen des Essener Pilgerwegs beschildert ist. Gleich hinter der Bank queren wir einen weiteren Pfad und folgen den Schildern geradeaus.

Bald nähern wir uns einigen Häusern, und davor zweigen wir den Markierungen folgend nach rechts ab. Der asphaltierte Waldweg leitet uns bis zur Straße, an der wir links abbiegen. An der nächsten Ampelkreuzung wandern wir gegenüber in die Straße „Katzenbruch". Rechts führt der Wanderweg parallel zur Straße durch den Wald. Dort, wo die pinken Markierungen wieder direkt an die Straße führen, verlassen wir den Pilgerweg und wandern gegenüber in den Kesselbruchweg. Am Ende der Hauseinfahrt führt ein schmaler Weg geradeaus weiter, dem wir entlang der Grundstücksgrenze bis zu einem breiten Querweg folgen, in den wir nach rechts abbiegen.

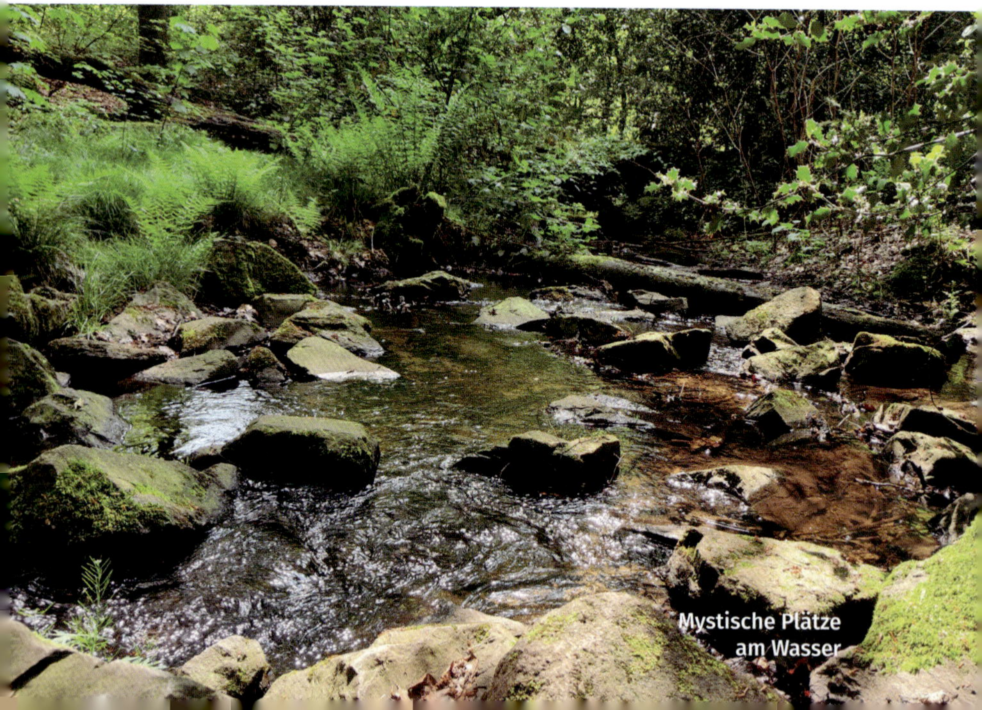
Mystische Plätze am Wasser

Info

Haus Hartenfels

Für Wanderinnen und Wanderer ist der Ort, auf dem Haus Hartenfels steht, vor allem deshalb interessant, weil es auf dem Pferdekopf steht. Und der bildet mit 82,53 Metern über dem Meeresspiegel den höchsten Punkt der Stadt Duisburg. Ansonsten ist die Villa, so wie die anderen Villen im Stadtwald, noch gar nicht so alt: Errichtet wurde sie in den Jahren 11 und 12 des vergangenen Jahrhunderts vom Industriellen Peter Klöckner. Der gesamte Gebäudekomplex mit Pförtner- und Gärtnerhaus steht auf einem privaten Parkgelände von sechs Hektar Größe. Klöckner und seine Familie verließen das Anwesen 1942, danach wurden dort Flüchtlinge untergebracht. Inzwischen wurde das unter Denkmalschutz stehende Gebäude saniert und in Wohnungen aufgeteilt.

So überqueren wir die Eisenbahnlinie und gehen geradeaus den Berg hinauf bis zur ersten Abzweigung nach links, die uns zu einer Kreuzung im Wald leitet. Gleich dahinter zweigt der mit der Raute und dem Kreis markierte Wanderweg nach links ab.

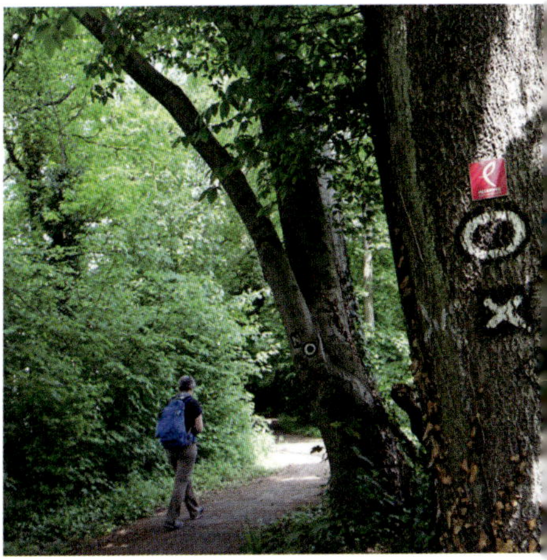

Auf ruhigen Wegen

Leicht hinauf führt dieser Weg, bis wir oben auf eine Kreuzung stoßen, an der wir schräg rechts gegenüber weitergehen. Nun ist die Route mit A1 und einer Raute markiert. Von den zahlreichen Abzweigungen nach rechts und links lassen wir uns gar nicht irritieren und gehen geradeaus bis zum Haus Hartenfels. Davor biegen wir dem A1 folgend links ab. Wir befinden uns hier übrigens auf dem höchsten Punkt Duisburgs. Hinter dem Grundstück halten wir uns an der Kreuzung geradeaus und bleiben auf dem Drachensteig bis zur nächsten Kreuzung, an der wir uns nach links wenden. Der mit der Raute markierte, breite

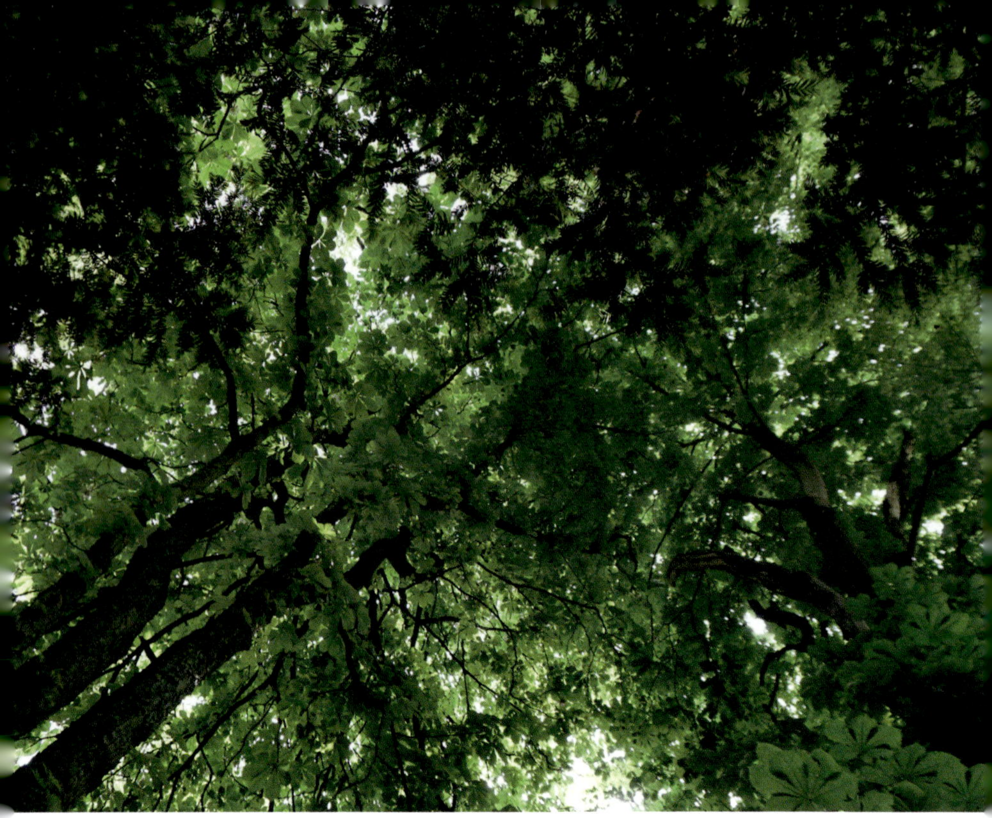

Wald erleben neben der Metropole

Wanderweg leitet uns wieder leicht bergan. Wir folgen ihm an der T-Kreuzung nach links.

Hinter dem kleinen Gebäude gehen wir über die nächsten beiden Kreuzungen geradeaus. Rechts des Wegs stehen hier nun einige Tafeln, die Bäume des Jahres beschreiben. Dort gegenüber führt ein schmaler Weg nach links bergab. Gleich rechts unterhalb des Pfads befindet sich das Heilige Brünnlein.

Über die Treppen steigen wir wieder hinauf und wenden uns auf den Weg nach links. Bergab geht es nun über die nächste Kreuzung, und dann folgen wir dem Weg an der Gabelung nach links. Direkt dahinter liegt links ein Weiher. Wir gehen über eine kleine Brücke, dahinter rechts und dann gleich links unter den beiden Bahnlinien hindurch.

Dahinter zweigen wir an der Kreuzung rechts ab und gehen auf dem Fahrradweg auf eine hölzerne Absperrung zu. Sie umgrenzt das Ge-

lände eines ehemaligen Steinbruchs. Wir wandern rechts an den hölzernen Planken entlang und erreichen einen eisernen Zaun hinter dem im alten Steinbruch ein kleiner See liegt. Auf der Suche nach der „Schinderhanneshöhle“ umrunden wir den See.
Schließlich gehen wir zurück zu der Weggabelung und wählen nun den rechten Weg bis zur Straße. Hier biegen wir links ab und nutzten die erste Gelegenheit, um auf der anderen Straßenseite nach rechts wieder in den Wald zu wandern. Dort überqueren wir die nächste Kreuzung auf dem mit einem X markierten Weg.
Nachdem wir in der Senke einen kleinen Bach überquert haben, gehen wir an der Kreuzung geradeaus und dann links an der großen Lichtung entlang.

Am Weg

Heiliger Brunnen im Stadtwald

Dem Wasser aus dem Heiligen Brunnen am „hillgen bornschen Berg“, wie es in einer Stadtrechnung aus dem Jahr 1563 heißt, wurden früher Heilkräfte nachgesagt. Warum? Das konnte nicht geklärt werden. Nur so viel: Das Wasser aus dem einst „Marienquelle“ genannten Brunnen ist kein Trinkwasser. Die heute sichtbare Umfassung stammt aus dem Jahr 1935.

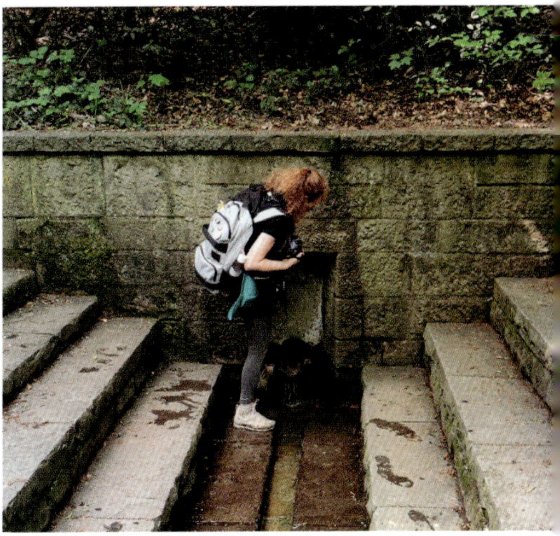

Ganz in der Nähe konnten Siedlungsspuren aus der Bronze- und Eisenzeit nachgewiesen werden. Die archäologischen Funde lassen einige Forscher von einer Kultstätte am Heiligen Brunnen ausgehen. Dafür sprechen auch die zahlreichen Legenden. Zum Beispiel die, dass der heilige Liudger, der spätere Bischof von Münster, der in der ganzen Region als Missionar wirkte, an dieser Quelle getauft habe.

So gelangen wir an eine kleine Straße. Gegenüber führt unsere Route weiter, und wir nehmen an der Gabelung den linken der beiden Wege, also nicht den mit dem X markierten Weg. In den Querweg, den Vogelherdweg, zweigen wir nach rechts ab und folgen diesem gleich anschließend über den Ganghoferweg hinweg geradeaus. Direkt hinter dem eingezäunten Gelände biegen wir nach links ab. Nun halten wir uns an der ersten Kreuzung geradeaus und behalten die Richtung immer bei, bis wir den Broicher Waldweg wieder überqueren und auch hier geradeaus weitergehen. Schließlich kehren wir über den „Hammerstein" zum Parkplatz zurück.

Am Weg

Steinbruch im Duisburger Wald

Schon im Mittelalter diente das Grauwacken-Sandgestein als Baumaterial für die Stadt Duisburg. Die mit Wasser gefüllte Senke liegt so seit Mitte des 19. Jahrhunderts da, als man hier noch einmal Steine für den Straßenbau abbaute – die sich allerdings als zu weich erwiesen. Sowohl hier als auch am Heiligen Brunnen versuchte man bereits im 16. und noch einmal im 18. Jahrhundert, Kohle zu finden. Aus diesen Zeiten stammt der Stolleneingang, der im Volksmund „Schinderhanneshöhle" genannt wird.

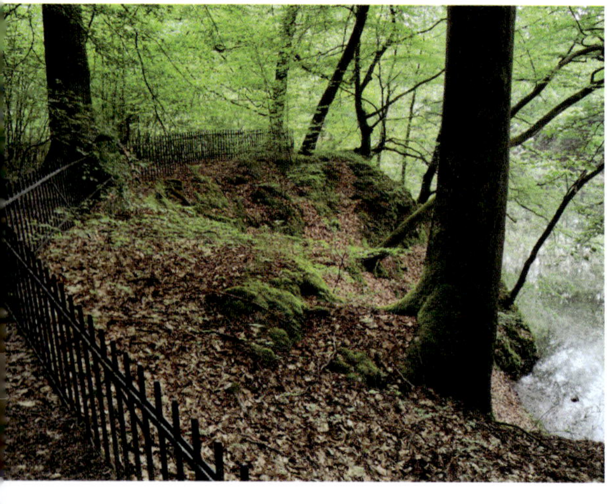

Gastronomie

Entlang des Wegs gibt es keine Einkehrmöglichkeiten.

Der Robin Hood des Duisburger Stadtwalds

Was hat der Sherwood Forest mit dem Niederrhein zu tun? Eigentlich nichts, aber es gibt eine Sagenfigur, von der an beiden Orten erzählt wird: Der englische Robin Hood findet sein deutsches Pendant im Schinderhannes – der im Duisburger Stadtwald um Gerechtigkeit für die Armen kämpfte. Wir haben uns auf seinen Spuren zum stillgelegten Steinbruch begeben, an dem die Schinderhanneshöhle liegen soll, und dabei unsere Geldbörsen sicher im Rucksack verstaut.

Es war einmal in einer Zeit, als die Armen von den Reichen geschunden wurden und sie wie Sklaven für ihr kleines Auskommen schuften mussten. Es gab noch keine Sozialversicherungen und Krankenkassen, die Menschen waren arm und immer wieder geplagt von Hungersnöten und Seuchen. In dieser Zeit lebte der Räuberhauptmann Hannes Schinder, von dem unsere Geschichte handelt.

Die Legende erzählt, dass er im ehemaligen Steinbruch im Duisburger Stadtwald – tief im Berg in einer Höhle – sein Lager hatte. Mit seinen Gesellen konnte er sich in den finsteren Gängen verstecken und die erbeuteten Schätze hüten, bevor er sie an die armen Menschen verteilte. Er stahl nicht, um sich selbst zu bereichern – wie es die meisten anderen Diebe machen –, sondern um Gutes zu tun.

Immer wieder waren die Häscher hinter ihm her und wollten ihn für hohes Kopfgeld an die Obrigkeit ausliefern und ihn so an den Galgen bringen. Fast jeder Ort hatte zu dieser Zeit seinen Galgenberg, auf dem die Räuber für ihre Taten bestraft wurden. Oft traf es auch unschuldige Männer und Frauen, die am Galgen erhängt wurden. Es war eine dunkle und grausame Zeit.

Der tapfere und ehrenhafte Schinderhannes wollte etwas dagegen tun. Es schien, dass der liebe Gott ein Einsehen hatte und ihn immer wieder vor seinen Verfolgern beschützte. Auch diesmal war es wieder so, dass

er angesichts der misslichen Lage dringend ein Pferd brauchte, um zu flüchten.
Es war nicht nur Gottes Schutz, der ihn immer wieder rettete, sondern auch seine Schläue und seine guten Einfälle, die ihn aus misslichen Situationen befreiten. Dieses Mal besorgte er sich Stoffbinden, die er sich um seinen Kopf und seine Beine wickelte, um schnellstens aus dem Duisburger Stadtwald zu entkommen.
Als Krüppel verkleidet und mit einem leidenden Blick setzte er sich auf einen umgefallenen Baumstamm, der neben dem Weg von Duisburg nach Mülheim lag. Er wusste, dass auf dieser Route immer wieder wohlhabende Herren vorbeikamen. Die Krücken legte er einige Meter von sich entfernt auf die Äste eines Baumes.
Als dann ein reicher, gut genährter Mülheimer Minenbesitzer vorüberritt, machte der Schinderhannes als Bettler verkleidet einen jammervollen Eindruck und krächzte:
„Gnädigster Herr, ich bin nur ein armer Krüppel und nicht wert, dass Ihr mich beachtet." Der Mülheimer blieb stehen und sah mit Abscheu auf den Schinderhannes herab. Dieser fuhr unbeirrt fort: „Schaut nur was mir widerfahren ist. Garstige Kerle haben mich auf diesen Stamm gesetzt und mir meine Krücken weggenommen. Sie sollten irgendwo dort drüben liegen."
Der Mülheimer Geschäftsmann sah den Krüppel immer noch skeptisch an und wollte schon weiterreiten, als der Schinderhannes fortfuhr: „Oh, edelster Herr, seid ein wahrer Christ und helft einer geschundenen Seele. Ich flehe Euch an, steigt von Eurem Ross und bringt mir meine Krücken, damit ich mich weiterschleppen kann. Gott wird's Euch tausendfach vergelten."
Der Mülheimer Bergwerksbesitzer überlegte kurz, doch dann stieg er von seinem edlen Ross, band es an einem Baum fest und drehte sich zum Schinderhannes um. Dieser hockte unschuldig und geknickt auf seinem Baumstamm und hatte den Kopf beschämt gesenkt:

„Ich werde dir helfen, du armer Krüppel. Du hast ein hartes Schicksal und ich will meines nicht mit deinem belasten. Du könntest auch in einer meiner Minen zu Schaden gekommen sein, so wie diese dummen, einfältigen Burschen, die für mich arbeiten und mit denen ich viel Geld verdiene. Also komm, Alter, ich werde dir deine Krücken holen und damit mein Seelenheil aufbessern." So sprach er und ging etwas schwerfällig und steif am Schinderhannes vorbei, um ihm die Krücken von den Ästen herunterzuholen.

Doch in dem Moment, als der Edelmann ihm den Rücken zukehrte, sprang der Schinderhannes behände vom Stamm und lief geschwind zu dem Ross, um es loszubinden. Bevor der Kaufmann noch erkannte, was geschah, war der Schinderhannes schon um die nächste Kurve geritten und aus seinem Blickfeld verschwunden. Der Kohlebesitzer fiel nach hinten auf seinen Allerwertesten, der listige Dieb jedoch ritt mit einem pfiffigen Lachen im Gesicht aus dem Duisburger Stadtwald und hatte so zwei Fliegen mit einer Klappe geschlagen: Er hatte ein edles Pferd, um dem frühen Tod am Galgen zu entgehen und er verteilte das Geld, das der Kaufmann in seinen Satteltaschen verstaut hatte an die armen Menschen, die ihm am Wegesrand begegneten.

So kam das Geld, das aus dem Leiden und Schinden der Bevölkerung verdient worden war durch die guten Taten des Schinderhannes wieder zu ihnen zurück. Wie immer wurde er mit Jubel und Freude von den Beschenkten verabschiedet. „Versteckt das Geld gut und geht achtsam damit um!" rief er ihnen noch nach, bevor er lachend und wild wie ein Wirbelwind in Richtung Westen davonritt.

Wenn ihr an den alten Steinbruch kommt, dann nehmt euch in Acht und schaut auf eure Wertgegenstände, manchmal streift der Geist des Schinderhannes noch durch den Wald und nimmt von den Reichen und gibt es den Armen.

Tour 2

- Startpunkt
- Zwischenziele
- Parkplatz
- Haltestelle
- Zielpunkt
- Gastronomie
- Sehenswürdigkeit

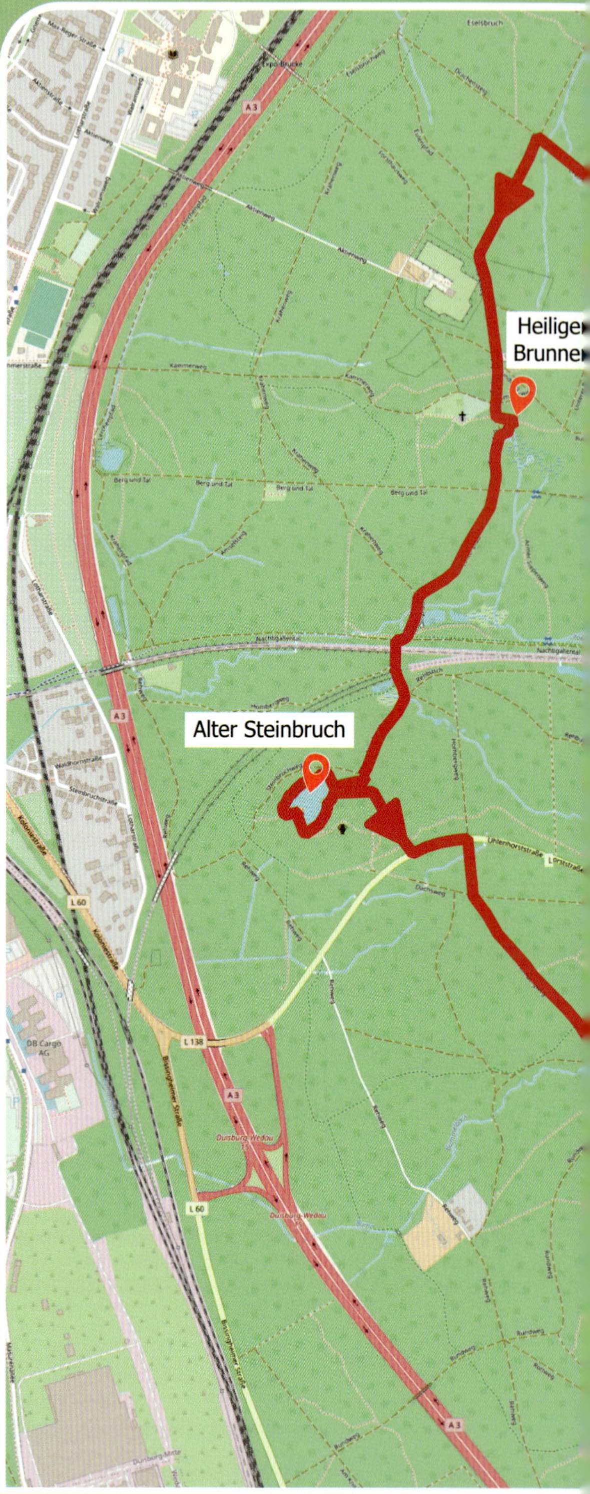

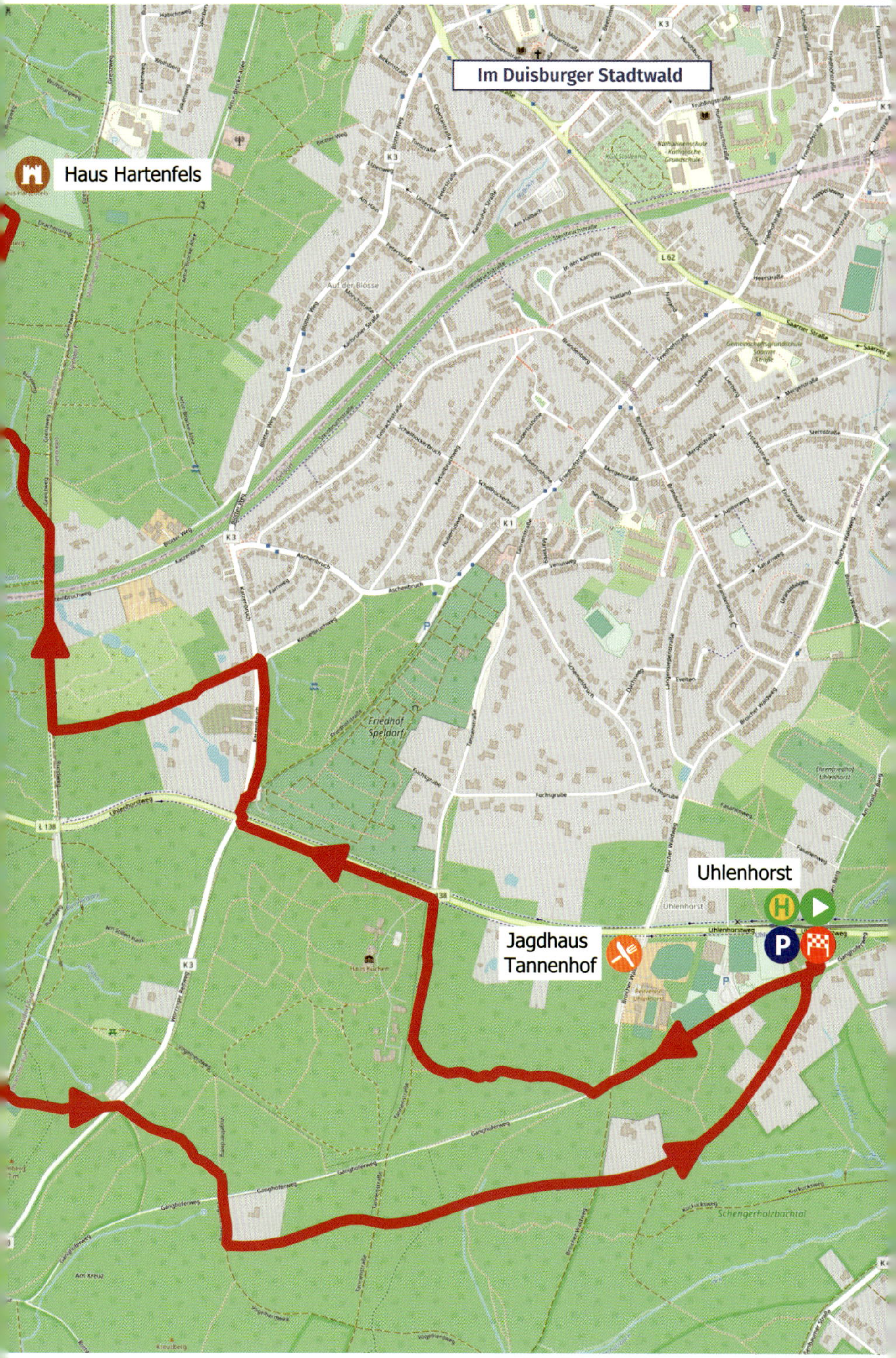
Im Duisburger Stadtwald
Haus Hartenfels
Uhlenhorst
Jagdhaus
Tannenhof

Münchhausen lässt grüßen

Unterwegs in der Festungs- und Rheinstadt Wesel

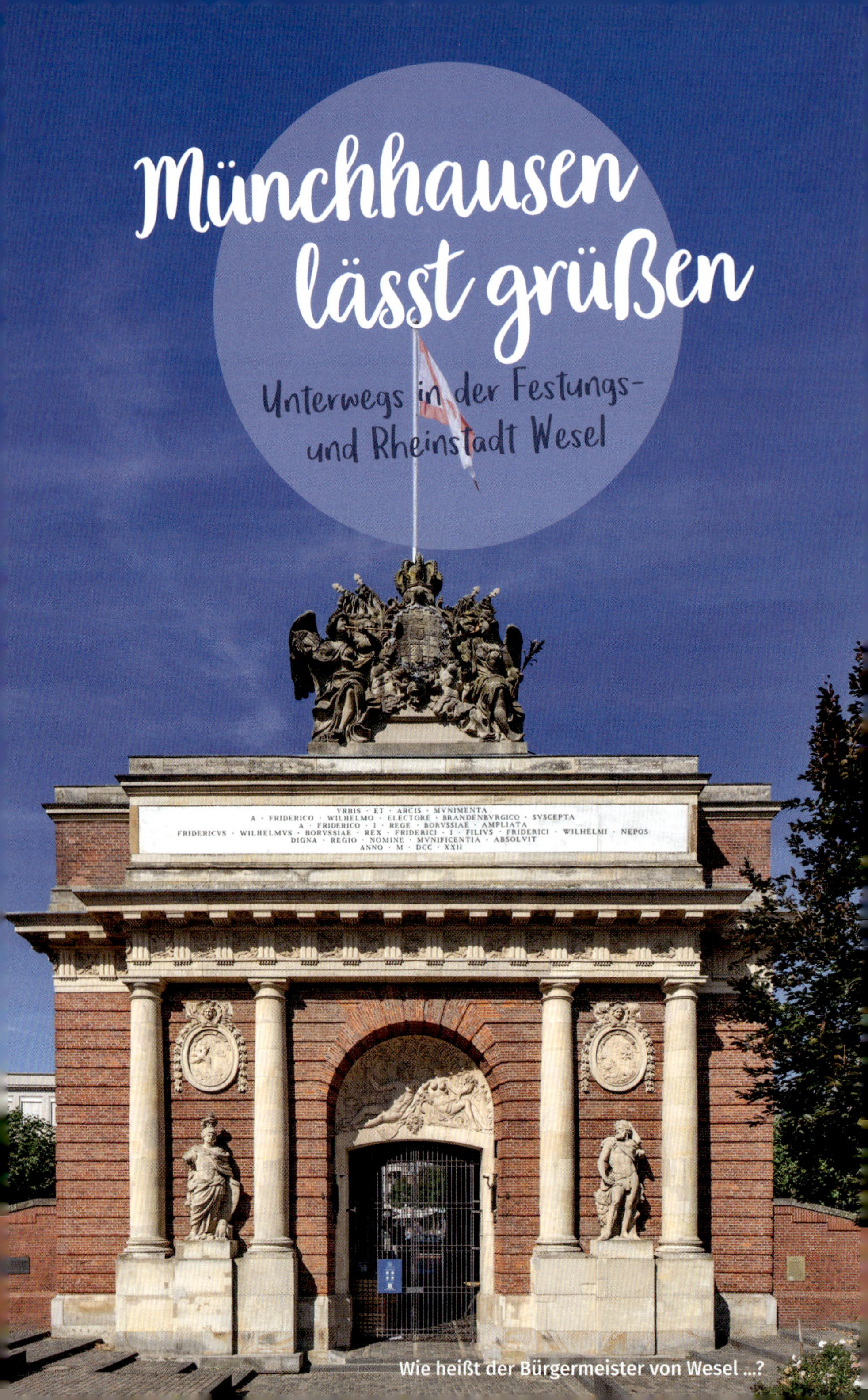

Wie heißt der Bürgermeister von Wesel ...?

Wesel ist jederzeit einen Ausflug wert: Das fand auch Freiherr Karl Friedrich von Münchhausen – ja, genau: der Münchhausen. Seine Familie hatte zahlreiche Beziehungen zur Stadt Wesel, was eine riesige Grabplatte im Dom beweist. Und dieser spezielle Sohn der Sippe weilte oft am Rhein und kannte sich bestens aus.
Der Rhein, der Auesee, der Willibrordi-Dom und die Altstadt lassen sich hervorragend auf einer Wanderung erkunden. Aber Vorsicht: Als wir das letzte Mal dort waren, erhob sich plötzlich eine riesige Welle und aus dem Rhein kam die größte Schlange, die man jemals gesehen hat. Wie wir auf dem Tier bis nach Holland geritten sind, das erzählen wir dann beim nächsten Mal ...

Tour 3

2:20 Std. | 9 km | 31 Meter

Start/Ziel: Bahnhof, Franz-Etzel-Platz 17, 46483 Wesel
Wegbeschaffenheit: Waldwege, Schotterwege, Asphalt
Parken: Am Wochenende kostenfreies Parken in der Stadt, während der Woche gebührenpflichtig im Parkhaus
Anreise mit ÖPNV: Bahnhof Wesel

Wegbeschreibung: Vom Bahnhof aus gehen wir geradeaus über die Wilhelmstraße auf das Berliner Tor zu. Dahinter wandern wir durch die Fußgängerzone weiter bis zum Willibrordi-Dom. Dort halten wir uns links, überqueren den Hansaring und erreichen den Rhein, vor dem wir uns nach rechts wenden.

Zwischen zwei Biergärten hindurch und am Schwimmbad vorbei führt uns eine kleine Straße bis zum Rheindeich. Wir folgen ihr bis zum Kreisverkehr, an dem wir uns nach links wenden.

Spätestens am Umkleidegebäude des Strandbades wenden wir uns nach links und wandern am rechten Ufer des Auesees weiter. Früher oder später müssen wir auf das kleine Asphaltsträßchen einschwenken. Ihm folgen wir bis zum Surfstrand und bleiben danach auf dem Schotterweg, bis wir hinter dem Hundeauslaufplatz auf eine Gabelung treffen. Dort halten wir uns rechts bis zur Straße Auedamm. Ein Fußgängerweg führt uns schräg gegenüber auf den kleinen Deich und oben biegen wir nach links ab.

Nachdem wir eine kleine Straße und die Gleise überquert haben, gehen wir über die Alte Delogstraße in Richtung Innenstadt. Die vierspurige Straße überqueren wir an der Fußgängerampel und folgen nun nicht den Schildern in Richtung Innenstadt, sondern gehen an der Fluthgrafstraße 12 nach links in den Grüngürtel.

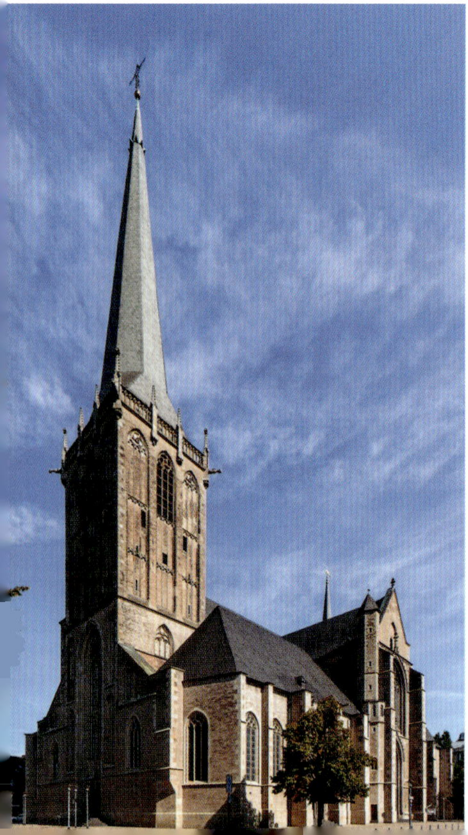

Am Ende der Fußgängerzone erwartet uns der Willibrordi-Dom.

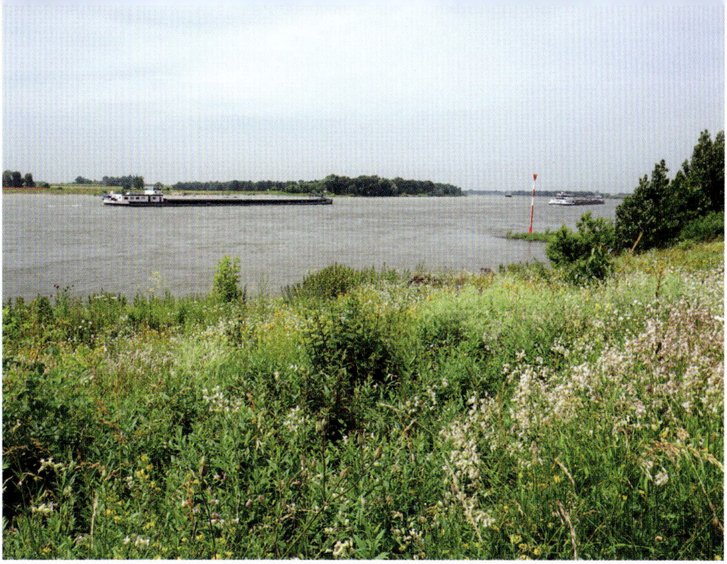

Rheinblicke

Info

Auesee Wesel

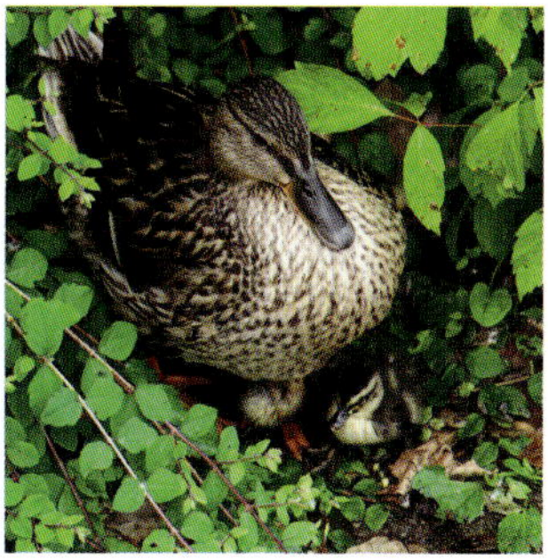

Der Auesee in Wesel ist ein Freizeitmagnet: einerseits Naturschutzgebiet mit vielen verschiedenen Wassertieren wie Flussbarschen, Rotfedern und Hechten sowie Muscheln und Krebsen und andererseits ausgestattet mit Wassersportmöglichkeiten wie Tauchen, Segeln und Surfen. Ein schönes Strandbad mit groß angelegter Liegewiese und Beachvolleyballplätzen laden zum Sonnenbaden ein. Entstanden ist der See mit seiner Tiefe von fast 18 Metern in den 1980er-Jahren durch Kiesaushebung in den Rheinwiesen. Er gehört heute zu den saubersten Seen in Nordrhein-Westfalen. Seine Wasserqualität wird ständig kontrolliert, und so fügt sich der Baggersee wunderbar harmonisch in die Auelandschaft und bietet auf seinen Vogelschutzinseln den Wasservögeln ungestörte Brut- und Lebensräume. Der Zugang zum Auesee ist kostenlos. Hunde sind im Strandbad nicht erlaubt. Informationen unter Tel. 0281/27229.

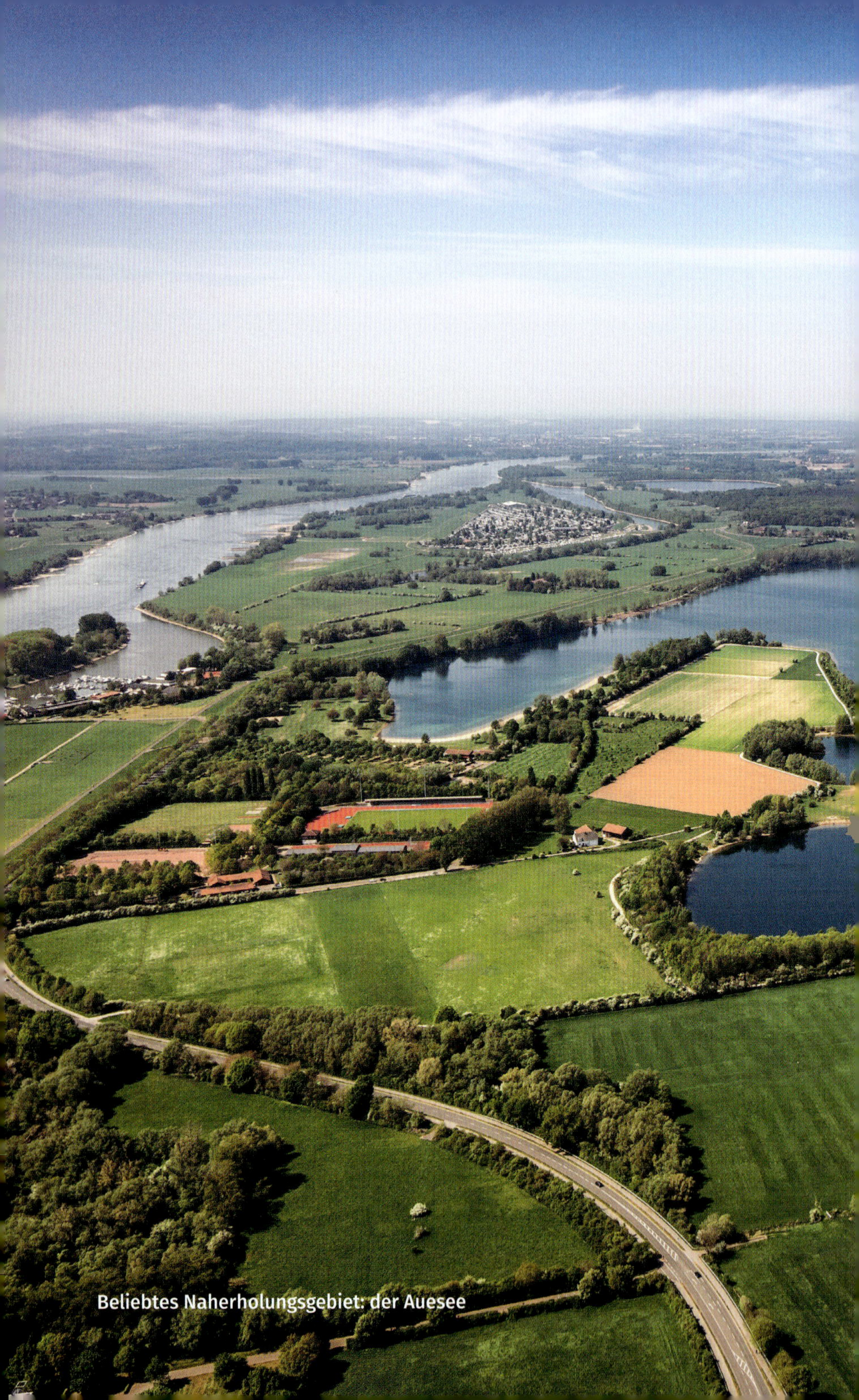

Beliebtes Naherholungsgebiet: der Auesee

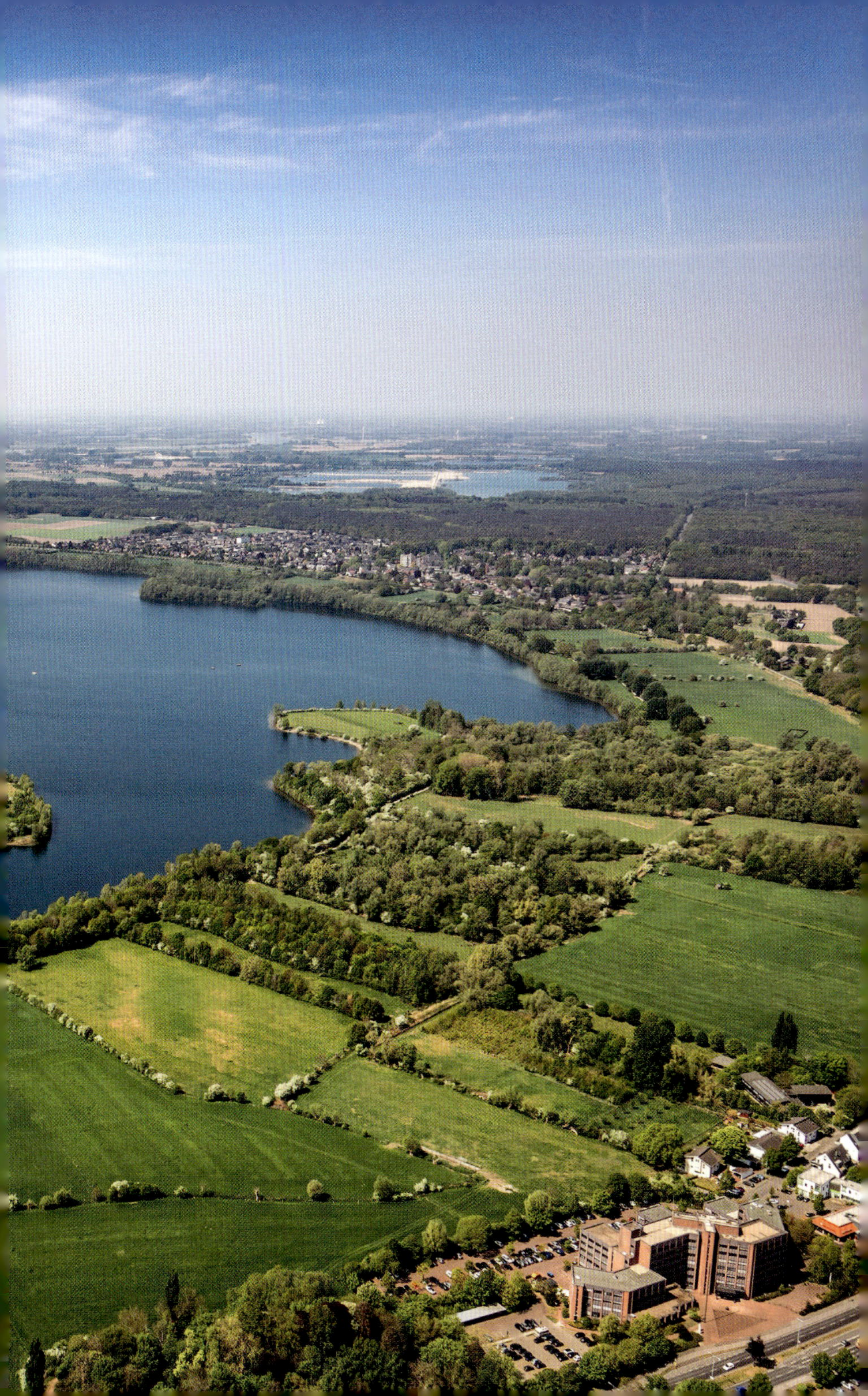

Info

Zitadelle Wesel

Die Stadt Wesel und ihre Befestigungsanlagen waren über die Jahrhunderte den ständig wechselnden Herrschaftsverhältnissen am Niederrhein ausgesetzt. So zeigt sich die Zitadelle heute über die unterschiedlichen Baustadien hinweg geprägt von zuerst brandenburgischen, preußischen und dann französischen Baustilen: Errichtet wurde sie 1687 von Kurfürst Friedrich Wilhelm von Brandenburg auf Drängen der niederländischen Verbündeten, um eine Bastion und Versorgungsbasis gegenüber Frankreich zu errichten. Die Zitadelle war nicht nur Wehranlage für die unterschiedlichen politischen Machthaber, sondern zum einen auch Gefängnis für Verbrecher, Kriegsgefangene und politische Häftlinge und zum anderen Vorratslager und Basisstation – wie die Geschichte vom Baron Münchhausen auf ironische Art und Weise erzählt.
Nach dem Ersten Weltkrieg wurde die Wehranlage entfestigt. Die verbliebenen Gebäude beherbergen heute unter anderem das Stadtarchiv, die Musik- und Kunstschule der Stadt Wesel und das LVR-Niederrheinmuseum mit Dauer- und Sonderausstellung.

LVR-Niederrheinmuseum Wesel, An der Zitadelle 14–20,
46483 Wesel, Tel. 0281/33996-0, niederrheinmuseum-wesel@lvr.de

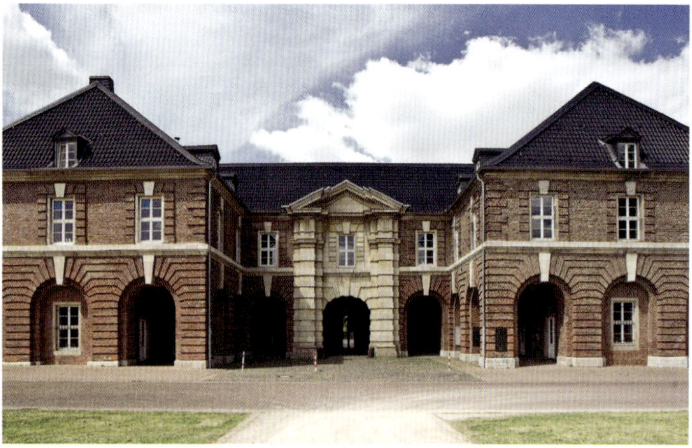

Wir befinden uns nun auf dem Gebiet der ehemaligen Zitadelle, des Glacis. Auch nach der kleinen Querstraße bleiben wir unter den Bäumen und wählen an der Gabelung den linken Weg. Bald überqueren wir die Blankenburgstraße, gelangen wiederum an eine Gabelung und gehen links bis zum alten Friedhof. Rechts davon führt die Route weiter durch den Grüngürtel. An der dreiarmigen Gabelung wählen wir den rechten Weg, der uns an den Kurfürstenring führt. Wir nehmen die Fußgängerampel, um gegenüber in den Park zu gelangen. Dort biegen wir links ab und wandern im Bogen auf den Teich zu, gehen über die Brücke und direkt dahinter links herum um das Wasserrondell. Von den drei Wegen dahinter wählen wir den mittleren, der auf halber Höhe schräg rechts auf eine Straße zuführt. Auf dieser gelangen wir zurück zum Berliner Tor. Links abgebogen erreichen wir wieder den Bahnhof.

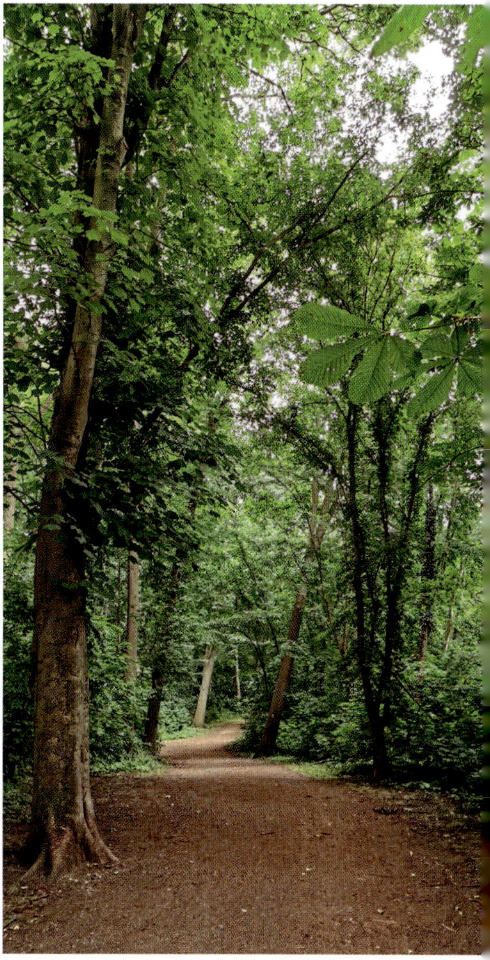

Das Glacis bildet den Grüngürtel um die Stadt.

Gastronomie

Plückers Q-Stall by Welcome Hotel, Rheinstraße 10, 46487 Wesel, Tel. 0281/3000-0, www.welcome-hotels.com/hotels/wesel/gastronomie/q-stall

Ristorante Antonella, Kornmarkt 1, 46483 Wesel, Tel. 0281/1635158, www.restaurant-antonella.com

Vom Eisenwurm in den einhundertfünfundvierzig Weseler Kanonen

Entnommen aus: Münchhausen. Seine Reisen und Abenteuer, von E. D. Mund. Loewes Verlag, 71. Auflage, Stuttgart 1927, S. 149 bis 157, „Achtzehnter Abend“.

„[...] Denken Sie nur, dass ich damals den Auftrag erhielt, mich ungesäumt nach Wesel zu begeben, weil von der dortigen Kommandantur die fast unglaubliche Meldung eingegangen, dass in die Kanonen der Festung – der Eisenwurm gekommen war! – Sie scheinen verwundert fragen zu wollen: ‚Was ist das? Der Eisenwurm?‘ Ehrlich gestehe ich, dass auch ich damals noch nie etwas vom Eisenwurm gehört und noch weniger jemals einen zu Gesicht bekommen hatte. – Bei meiner Ankunft in Wesel wurde ich vom Kommandanten, in Begleitung des Platzmajors und des Artillerieoffiziers vom Platze, mit bedenklichen Mienen empfangen und sofort in die Zitadelle geführt, wo uns der Garnisonstabsarzt erwartete. Auf meine Frage nach der Entstehung und dem Umfang des angerichteten Schadens zuckte der Kommandant seufzend die Achseln, und der Platzmajor flüsterte mir zu: ‚Sprechen Sie nicht davon, Kam'rad! Sie werden's gleich sehen!‘ –

Höchst gespannt ging ich mit den düster und geheimnisvoll Schweigenden weiter.

Bald war die Zitadelle erreicht. Die Wache trat ins Gewehr und unter Trommelschlag wurde präsentiert. Der Kommandant ließ abtreten, und wir gingen in einen dunklen Gang hinein, nachdem jeder von uns fünfen eine Laterne erhalten hatte. So traten wir in eine unterirdische Kasematte (Gewölbe), wo gegen siebzig eiserne Kanonenrohre nebeneinander lagen.

‚Das sind die Opfer des Eisenwurms!‘, sagte der Artillerieoffizier mit dumpfer Stimme, und als wir uns mit den Laternen den Kanonenrohren näherten, bemerkte ich, dass in jedem Auge der Herren eine Träne glänzte.

‚Wie viele sind es?', fragte ich, und meine Verwunderung stieg, als ich die Antwort erhielt: gestern waren es dreiundsechzig und heute sind acht neue Fälle dazugekommen! – also einundsiebzig! –
Ich bückte mich, um die Sache genauer zu betrachten. Und, meine Herren und Freunde! ich fühlte bei dem Anblick, der sich mir darbot, einen Schauder durch meine Adern rinnen. – Was musste ich sehen?! –
Sämtliche Geschütze waren in verschiedenem Grade wurmstichig! – Die zuletzt ergriffenen zeigten nur hie und da einzelne kleine runde Löcher, wie ein wurmstichiger Apfel, aber bei den älteren waren die Verheerungen, welche der Eisenwurm angerichtet hatte, wahrhaft entsetzlich. [...] Beinahe unbegreiflich schien es mir, dass noch nichts zur Vernichtung der Eisenfresser geschehen! – Die Weseler Herren waren durch diese unerhörte Kalamität so bestürzt, dass sie noch gar nicht an die Möglichkeit gedacht hatten, die schädlichen Bestien zu töten! – Als ich nun vorschlug, durch Ausglühen dies zu erreichen, fiel mir der Kommandant voller Entzücken um den Hals.
Sofort wurde eine Art Hochofen erbaut, und als der Bau desselben nach drei Tagen beendet, waren bereits weitere elf Geschütze angefressen – also zweiundachtzig!
Nun ließ ich den Ofen in Brand bringen und versuchsweise zwanzig von den wurmstichigen Kanonenrohren in die Glut legen, so wie ein Dutzend noch unbeschädigt gebliebene.
Gut! Diese zweiunddreißig eisernen Rohre wurden dreimal vierundzwanzig Stunden glühend erhalten, und auf meinen Rat ließ der Kommandant die noch glühenden in eine vorher mit Chlordämpfen angefüllte Kasematte bringen, worauf man dieselbe mit Wasser vollpumpte. Acht Tage lang blieben sie in dem Wasser liegen, dessen Stand durch fortgesetztes, Tag und Nacht erfolgendes Zupumpen immer so hoch erhalten wurde, dass es den ganzen Raum erfüllte.
Wir alle hofften aber zuversichtlich auf den Erfolg meines Glühofens! – Als jedoch am neunten Tage das Pumpen eingestellt wurde, das Wasser in der Kasematte rasch abfloss und wir voller Hoffnung in dieselbe eintreten konnten, fanden wir die Eisenrohre dick mit Rost bedeckt – und zu meinem Schrecken ganz und gar voller neuer Wurmlöcher – auch die zwölf unversehrt gewesenen Kanonenrohre! – in Summa waren's jetzt einhundertfünfundvierzig!

[...] – Fast verzweifelt habe ich die nächste Nacht schlaflos verbracht, und immer schwebten mir die halb mitleidigen, halb höhnischen Gesichter aller Offiziere vor, die Zeugen unsrer Enttäuschung gewesen. Alles aber nimmt ein Ende! So auch diese Nacht! Mit Tagesanbruch sprang ich aus dem Bette; der erste Sonnenstrahl, der in mein Auge blitzte, brachte mir auch eine Erleuchtung! – ‚Rackerzeug!' rief ich – ‚der Feuersglut und der Wasserflut habt ihr, Canaillen, widerstanden, nun werde ich euch mit Gift zu Leibe gehen!' Gedacht, getan! –
Schnell warf ich mich in Uniform und eilte zum Kommandanten, der noch in schweren Träumen lag. Ich weckte ihn auf und trug ihm, an seinem Bette sitzend, meinen wohlüberlegten Plan vor. Sofort wurde Generalmarsch geschlagen. Die halbe Garnison musste mit Körben ausrücken, während die andere Hälfte den Kupferschmieden half, einen riesigen kupfernen Kessel anfertigen, der genau die Höhlung des Hochofens ausfüllte. Gegen Abend kamen die mit Körben Ausmarschierten wieder und brachten alle Fliegenpilze mit, die in der Umgegend der Festung bis auf etliche Meilen Entfernung zu finden gewesen. Das Feuer im Hochofen brannte, und mein Riesenkessel war halb mit Öl gefüllt, das lustig brodelte und kochte. Nun wurden die vielen Zentner Fliegenpilze, die in dortiger Gegend Krötenstühle oder Poggenstühle genannt werden, hineingeschüttet, und am nächsten Morgen ließen wir das Feuer ausgehen, und das Gift zur Vertilgung des Eisenwurms war fertig.
Ich will Sie weiter nicht mit umständlicher Aufzählung der Gründe meines Verfahrens ermüden! Genug! Man leitete das noch heiße Öl in eine mächtige Zisterne – brachte sämtliche einhundertfünfundvierzig angefressene Kanonenrohre hinein, – und ich muss gestehn, dass ich mit Herzklopfen den Erfolg abwartete.
Schlafen konnte ich in der nächsten Nacht vor Spannung wieder nicht. Als ich am Morgen zeitig zur Zisterne eilte, schwammen in dem noch warmen Öle neben den zu Brei gekochten Fliegenpilzen Hunderte von zolllangen dünnen Stäbchen von hellgrüner Farbe, zum Teil ins Gelbliche, zum Teil ins Blaue schillernd. Ich fischte mir ein paar heraus. Es waren dies unzweifelhaft Überreste der zerkochten und zerweichten

Eisenwürmer, die wie maigrüne Regenwürmerstücke aussahen; aber an der Luft vollständig zerflossen. Da lenkte ein sehr leiser, klagender Ton mein Auge seitwärts, und am Rande der Zisterne sah ich zwei noch lebende, einen Viertelfuß lange Exemplare des richtigen Eisenwurms halb aufgerichtet und aneinander gelehnt sitzen, jedes sich wie in heftigen Schmerzen krümmend. Von Zeit zu Zeit traten aus dem einen Körperende plötzlich eine Art von brennendroten Fühlhörnern hervor, die wie kleine Feilen aussahen und nach mehrmaligem Hin- und Herzucken wieder eingezogen wurden. Nachdem ich mich vom ersten Erstaunen erholt hatte, schlich ich näher und streckte schon die Hand aus, um die Dinger zu ergreifen, da kamen mehrere Offiziere in lautem Gespräche herbei.

Dadurch erschreckt, richteten sich die beiden Würmer in die Höhe, und mit einem leisen, aber schrillen Wehlaut stürzten sie sich vor meinen Augen in den Ölbrei. Ich teilte den Kommenden meine Beobachtung mit, und sogleich wurden drei Kompanien zum Ausschöpfen des giftigen Breies herbeigerufen. – wir fanden aber kein Tierchen mehr, alles war zerweicht! – Zuletzt wurden die Kanonen herausgeholt, abgetrocknet und zur Beobachtung aufgestellt. Bekanntlich reiste ich auch bald nach Hause zurück, aber es hat sich nie mehr eine Spur des Eisenwurms gezeigt! Die durch ihn erzeugte Zerstörung der Geschütze hatte aufgehört.

Sie werden es nun erklärlich finden, dass seitdem die bronzenen Geschütze aus sogenannter Glockenspeise oder Kanonenmetall aufgekommen sind, weil man doch immer fürchtete, es könnte sich in den eisernen hier und da der Eisenwurm wieder einnisten!

[...] Vorsichtig habe ich mich seitdem bei verschiedenen gelehrten Naturforschern erkundigt, aber noch keinen gefunden, der etwas von der Naturgeschichte des Eisenwurms gewusst, ja nur sein Vorkommen gekannt hätte, so dass ich selbst an seiner Existenz zweifeln würde, hätte ich die grünen Eisenwürmer nicht gesehen, und hätte mich nicht der Augenschein von ihrer vernichtenden Tätigkeit überzeugt! Allein die Herren Gelehrten wissen auch nicht alles."

Tour
3

Startpunkt

Zwischenziele

Parkplatz

Haltestelle

Zielpunkt

Gastronomie

Sehenswürdigkeit

Freizeitspaß

Naturerlebnis

Aussichtspunkt

Kulturstätte

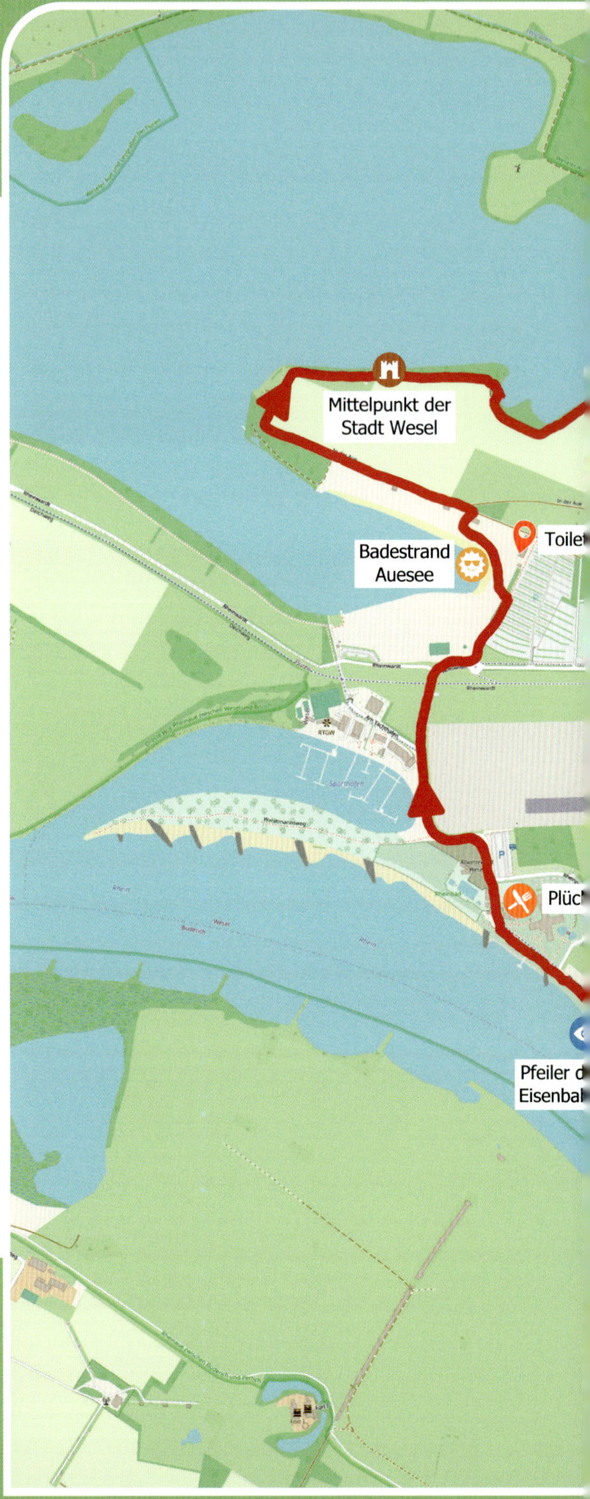

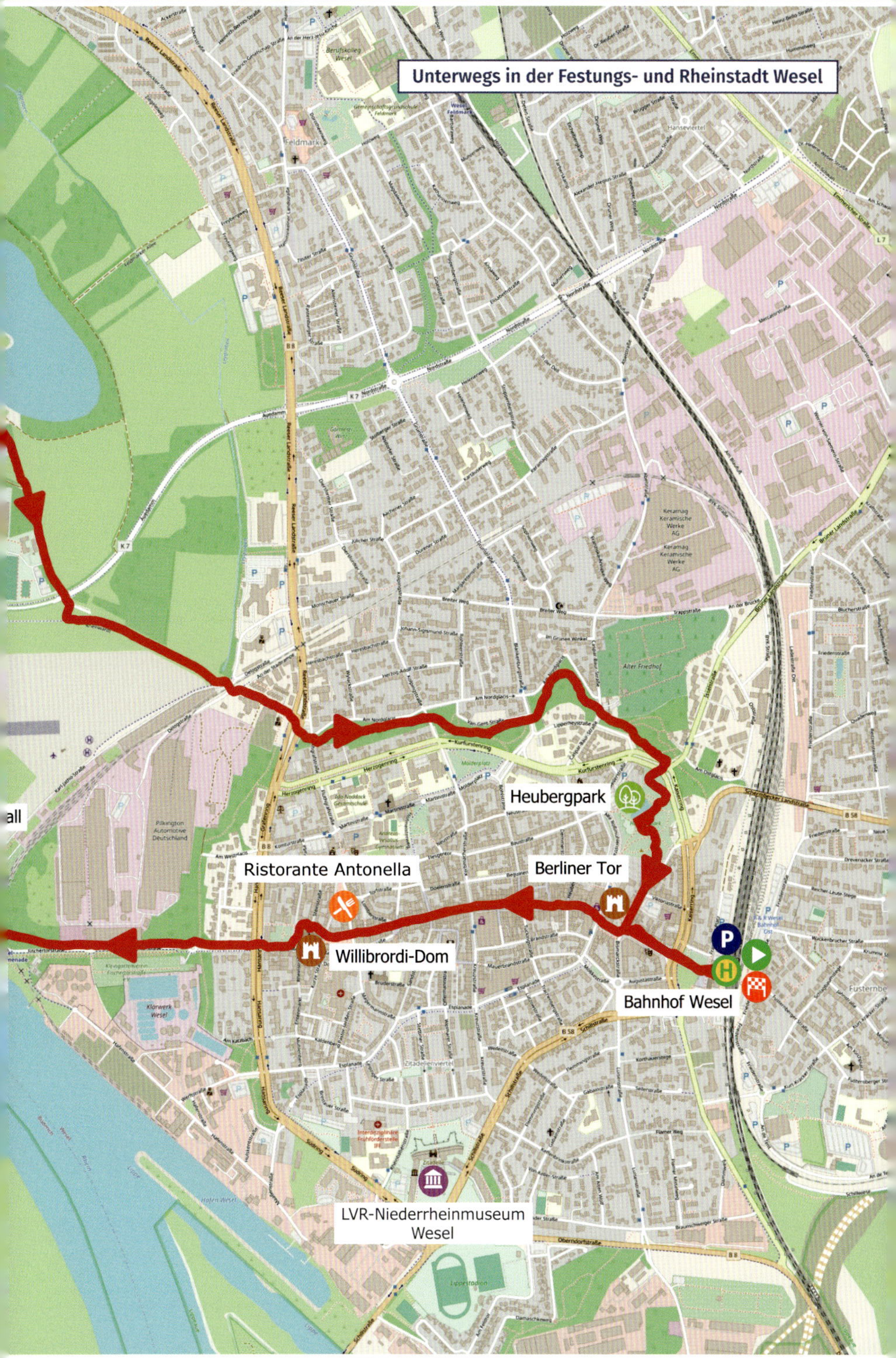
Unterwegs in der Festungs- und Rheinstadt Wesel
Heubergpark
Berliner Tor
Ristorante Antonella
Willibrordi-Dom
Bahnhof Wesel
LVR-Niederrheinmuseum Wesel
all

Wald und Sand

Von Hochelten durch den Bergherbos

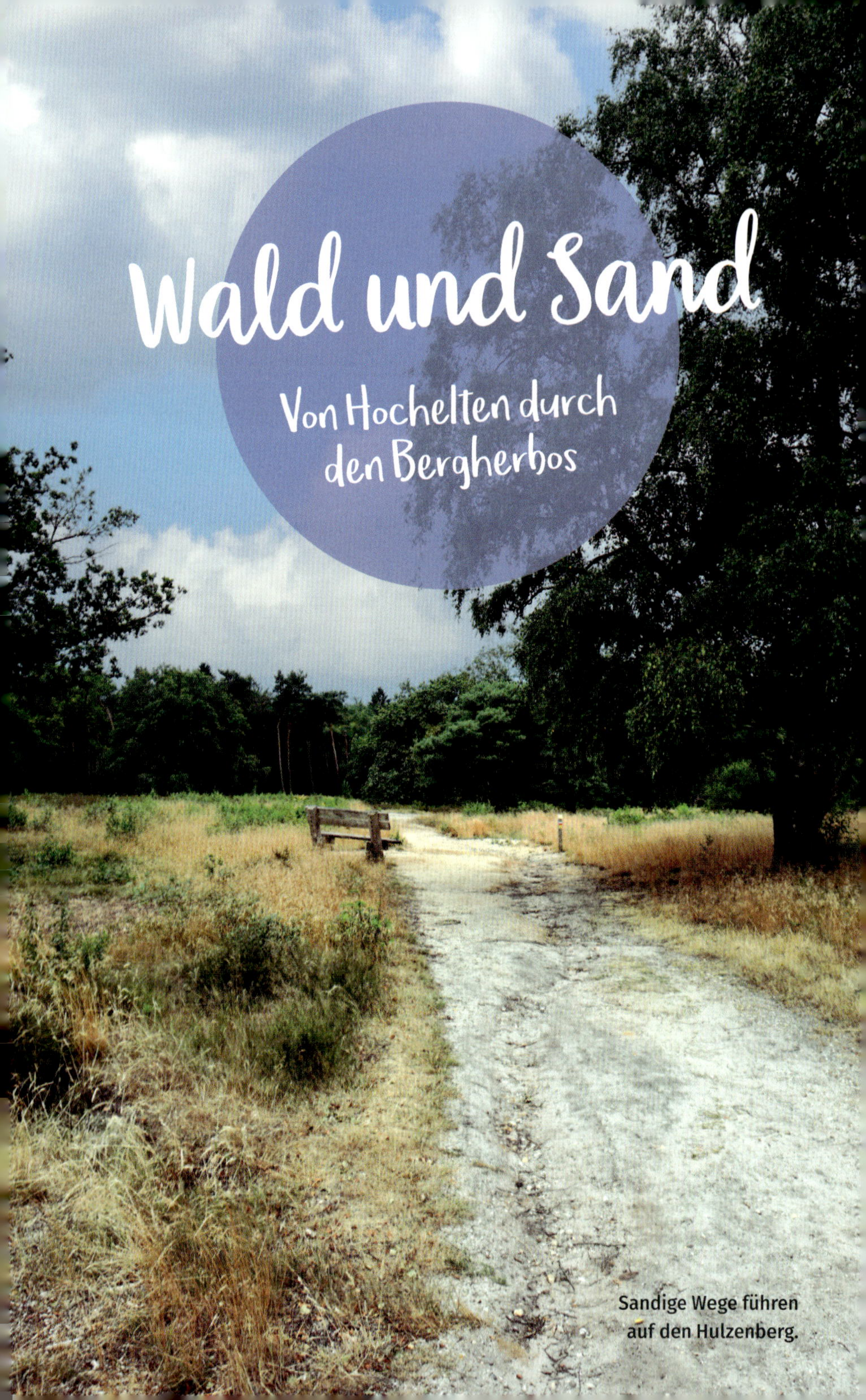

Sandige Wege führen auf den Hulzenberg.

Über dem Rhein und von weither sichtbar steht die Stiftskirche und Wallfahrtsstätte auf dem Eltenberg. Rundherum ein Ort voller Geschichte und Geschichten. Wie so oft am Niederrhein führt uns auch diese Route über die Grenze zu den Niederlanden. Und wie die Maasduinen weiter südlich, die wir auf der Tour 8 kennenlernen, erinnert auch die sandige Landschaft im Bergherbos an die Dünenwälder an der Küste. Ziel ist der Aussichtsturm auf dem Hulzenberg.

Tour 4

2:15 Std. | 8,5 km | 114 m

Start/Ziel: Tourist-Information Hochelten, Lindenallee 31, 46446 Emmerich am Rhein
Wegbeschaffenheit: überwiegend Waldwege, kurze Passagen auf Asphalt
Parken: Parkplatz an der Tourist-Information
Anreise mit ÖPNV: Der Bahnhof Emmerich-Elten ist etwa 1800 Meter vom Startpunkt entfernt und über den markierten Klompen-Wanderweg gut zu erreichen. Die Bushaltestelle Emmerich-Elten Seminarstraße befindet sich in 1200 Meter Entfernung.

Wegbeschreibung: Wir beginnen diese Wanderung an der Tourist-Information in Hochelten. Mit Blick zur Kirche St. Vitus wenden wir uns nach links und folgen der Lindenallee durch die Linkskurve in die Graf-Wichmann-Allee. Der Weg ist markiert mit dem rot-weißen Zeichen des „Pieterpads“.
Die Markierung führt uns jenseits der Querstraße geradeaus und wir folgen ihr auch dort, wo sie hinter dem letzten Haus an einer Bank nach rechts weist. Links von einer eingezäunten Obstwiese geht es geradeaus und am Ende der Wiese nach links.
Wir wandern am linken Rand eines Feldes weiter und biegen vor dem nächsten Feld in den Querweg wieder links ein. Nur wenige Meter weiter verlassen wir den markierten Pieterpad und wenden uns hinter dem Feld nach rechts. Nun gehen wir geradeaus, bis wir auf einen mit A5 markierten breiten Waldweg treffen. Dort biegen wir links ab, nur um an der nächsten Kreuzung in den schmalen Pfad nach rechts einzuschwenken. So nähern wir uns bald zwischen zwei Feldern einem Bauernhof, an dem wir nach links abbiegen und dann geradeaus weiterwandern.

Info

Drususbrunnen

Das Stift auf dem Eltenberg musste mit Wasser versorgt werden, und dafür diente der 57 Meter tiefe Brunnen. Er ist genauso wie die Kirche mehr als 1000 Jahre alt und versorgte nicht nur die Stiftsdamen mit Wasser, sondern bis 1931 auch die Bevölkerung. Am Wochenende kann der Brunnen besichtigt werden.

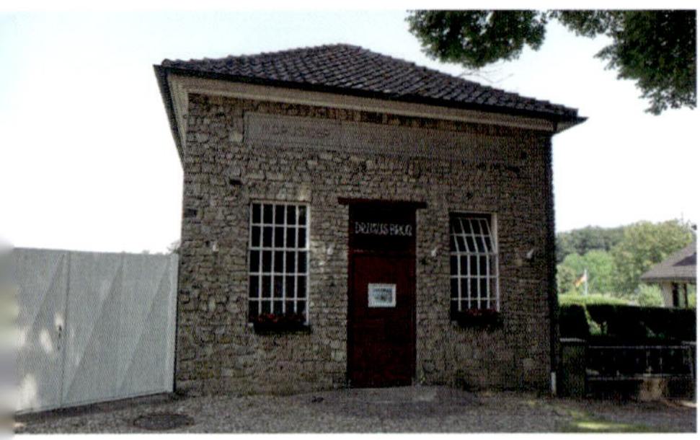

Informationen unter:
Tourist-Information Elten,
Tel. 02828/3139680,
www.emmerich.de

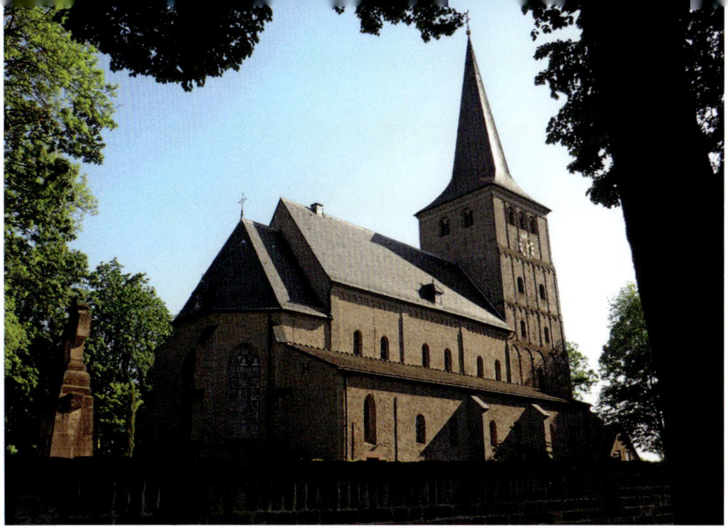

Die ehemalige Stiftskirche in Hochelten

Am Weg

Hochelten

Es muss eine große Burg gewesen sein, die einst auf dem Eltenberg stand. Graf Wichmann empfing hier sogar König Otto I. Das adelige Damenstift wurde 967 gegründet, erste Äbtissin wurde die Tochter Wichmanns, Liutgard. Das Stift war reichsunmittelbar – das bedeutet, dass die Äbtissinnen den Rang einer Fürstin hatten und auch Herrscherinnen über das zugehörige Land waren.

Die ehemalige Stiftskirche, die St.-Vitus-Kirche, die gegenüber unserem Ausgangspunkt in Hochelten steht, lässt noch Reste des fünften bekannten Kirchenbaus an dieser Stelle erkennen. Dieser war Anfang des 12. Jahrhunderts errichtet worden, ein circa 65 Meter langes romanisches Gotteshaus. Belegt sind Vorgängerbauten, der älteste aus dem 10. Jahrhundert. Noch zweimal wurde die Kirche weitgehend zerstört und wieder aufgebaut: im spanisch-niederländischen Krieg im Jahr 1585 und 1945.

Spannend ist eine Heiligenfigur im Inneren der Kirche, die heute einem heiligen Machutus geweiht ist, wahrscheinlich aber einst eine Marienstatue war. Sie ist seit Hunderten von Jahren das Ziel zahlreicher Wallfahrer. Viele Legenden ranken sich um sie – und die Erzählungen von wundersamen Heilungen.

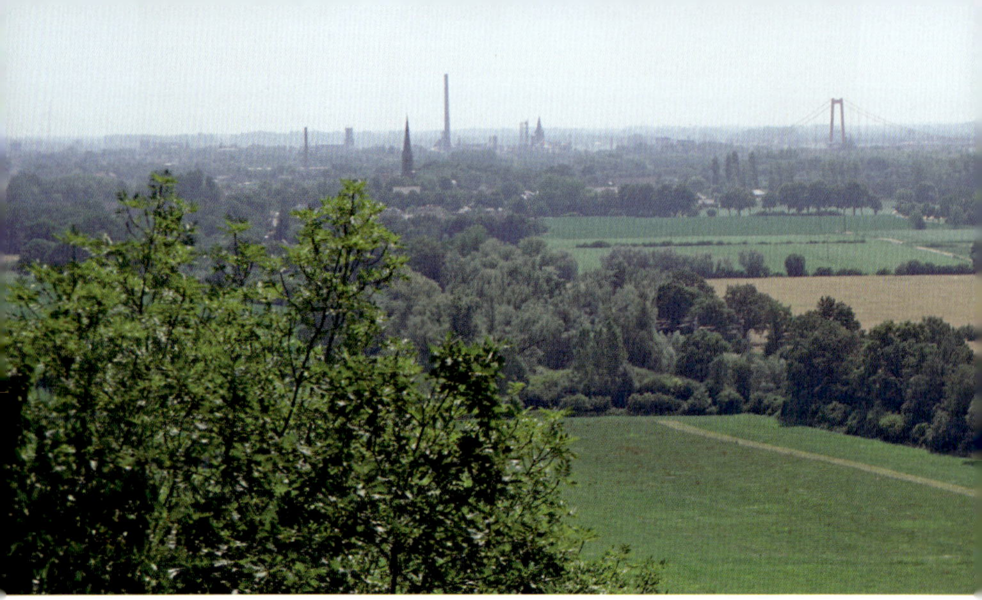

Geradeaus erreichen wir einen asphaltierten Rad- und Wanderweg. Dieser führt uns nach rechts über die Autobahnbrücke und über die niederländische Grenze. Hinter dem Parkplatz ist der zweite Weg nach links, der Oude Eltenseweg, mit einer Raute markiert. Auf dem auch als Radweg genutzten Weg bleiben wir, bis wir rechts auf den Eingang des Campingplatzes treffen. Dort weist ein Schild nach

Am Weg

Stein-Tor und Stuhl der Fürstäbtissinnen

Das aus riesigen Granitquadern geschaffene Stein-Tor, das hinter der St.-Vitus-Kirche steht, fokussiert den Blick genau auf die barocke Gartenanlage Kleves. Denn die Stadt liegt auf der anderen Rheinseite Hochelten genau gegenüber. Nicht besonders gemütlich reizt daneben der ebenfalls steinerne „Stuhl der Fürstäbtissinnen" trotzdem dazu, sich hineinzusetzen und den Blick ins Rheintal zu genießen.

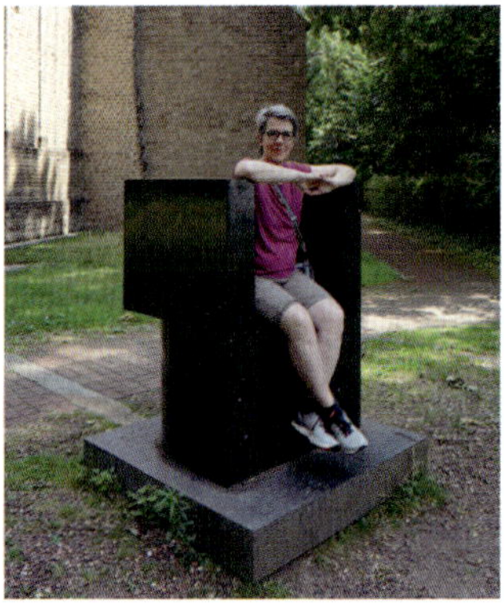

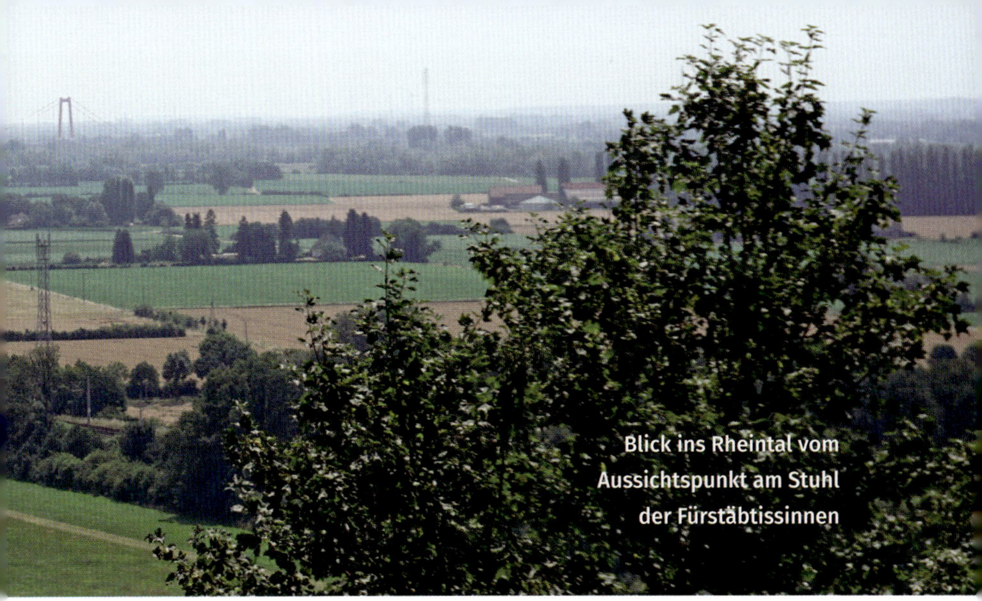
Blick ins Rheintal vom Aussichtspunkt am Stuhl der Fürstäbtissinnen

links bergauf in Richtung Uitkijktoren, also zum Aussichtsturm. Hier beginnt der Aufstieg auf den Hulzenberg.
Bergab folgen wir wieder dem Pieterpad. Die rot-weiße Beschilderung ist sehr gut und wir folgen ihr durch den Wald und über die Heide. Dahinter wenden wir uns am „Keuzepunt" T13 nach links und wandern auf dem Pieterpad und dem A9 gleich bei nächster Gelegenheit nach rechts. An dem kleinen Parkplatz schließt sich unsere Runde auf niederländischem Gebiet, wir überqueren die Brücke und gehen zunächst geradeaus zurück über die Grenze.
Rechts von uns liegt eine Wiese, und wo sie endet, führt nach links der Pieterpad auf einem schmalen Pfad in den Wald. Ihm folgen wir in den ersten Querweg nach rechts und in den zweiten nach links.
Gegenüber dem sechseckigen Häuschen im Wald wenden wir uns auf dem A8 und dem A5 nach rechts, verlassen diese Markierungen aber schon nach etwa 50 Metern auf den schmalen Waldpfad nach links. Wir erreichen eine Kreuzung, die wir geradeaus überqueren, und gehen leicht bergauf. Dabei ignorieren wir die Abzweigung nach links und wandern geradeaus, bis wir nach links in den breiteren Wanderweg einschwenken.
Geradeaus führen die Markierungen aus dem Wald und am Eingang des Barfußpfads am Sebastian-Kneipp-Platz vorbei über die Luitgardisstraße zurück nach Hochelten.

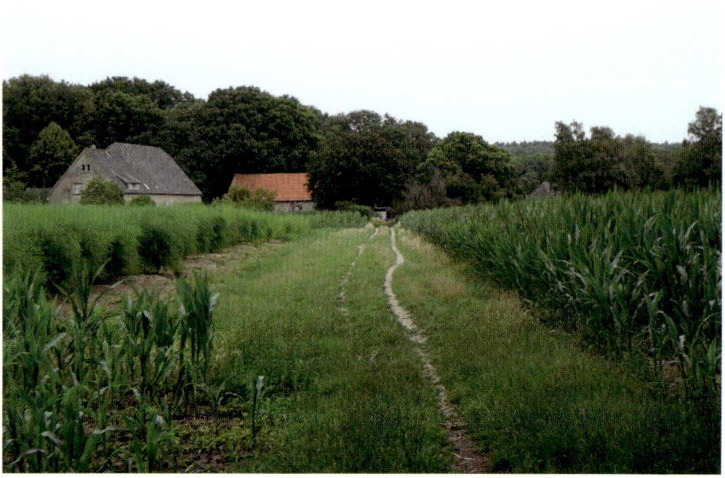

Im Grenzgebiet

Gastronomie

Pannekoekhuys, Van-der-Renne-Allee 2a, 46446 Emmerich am Rhein, Tel. 02828/1793, www.pannekoekhuys-hochelten.nl
Imbiss am Minigolf-Platz, Luitgardisstraße 1, 46446 Emmerich am Rhein, Tel. 0177/2185788, www.minigolf-hochelten.de

Am Weg

Eltenberg/Bergherbos

Grenzübergreifend lädt eine schöne Naturlandschaft zu Entdeckungen ein. Ihren Namen hat sie vom Schloss Bergh, das unweit unserer Wanderroute liegt. Und „Bos" ist das niederländische Wort für Wald. Wir wandern über die Grenze auf den Hulzenberg, auf dem ein Aussichtsturm aus hiesigem Holz errichtet ist. Der 26,5 Meter hohe Turm steht auf 82,4 Metern über dem Meeresspiegel und eröffnet eine Fernsicht vom Rheintal bis zum Nationalpark Veluwezoom in den Niederlanden.

Die Riesen von Hochelten

Die Heilquelle von Elten soll der Legende nach Kinderkrankheiten heilen und sogar Tote aufwecken. So haben es holländische Pilger vor 250 Jahren erzählt und so wurde es niedergeschrieben. Ob das wirklich so war, das können wir heute nicht mehr nachprüfen. Auf jeden Fall gibt es den Brunnen immer noch, der ja eigentliche keine Quelle ist, sondern ein 57 Meter tiefer Schacht. Seinen Namen hat er vom römischen Statthalter dieser Region: Drusus. Einst war der Drususbrunnen für die Wasserversorgung der Abtei gebaut worden. Im Laufe der Zeit sponnen sich viele Legenden um ihn – wir erzählen eine davon.

Es waren einmal drei Riesen am Niederrhein, die waren so groß, dass ihre Fußabdrücke einen ganzen liegenden, erwachsenen Mann maßen. Manchmal konnte es schon passieren, dass sich ein Pilger in einen dieser riesigen Fußabdrücke wie in eine bettende Mulde legte und dort geschützt die Nacht verbrachte. Natürlich mussten sich die Bewohner dieser Gegend in Sicherheit bringen, wenn sich einer der Giganten auf den Weg machte, denn dann beutelte es die Menschen wie bei einem Erdbeben.

Zu dieser Zeit gab es in allen Regionen noch einige dieser großen Knaben, die laut Legende sehr oft dafür zuständig waren, die Landschaft so zu formen, wie sie heute aussieht. Sie warfen mit Steinen und bildeten so ganze Berge, sie hoben Mulden aus, um sich hineinzulegen und so entstanden tiefe Täler. Allerlei Schabernack trieben die Riesen, denn alles, was bei ihnen nur eine kleine Handlung war, hatte natürlich große Auswirkungen auf die Menschen und die Landschaft.

So ergab es sich in der Gegend um Elten, dass diese drei Riesen aufeinandertrafen. Zuerst fiel es ihnen gar nicht schwer, miteinander auszukommen, doch da sie ein leicht erregbares Volk waren, war ein Streit meist vorprogrammiert.

Was kaum jemand weiß: Es gab natürlich nicht nur Riesen, sondern auch Riesinnen. Wie sonst hätten sich diese Giganten fortpflanzen sollen? So war einer der drei Riesen unserer Geschichte eine Riesin und ihr könnt euch wahrscheinlich schon vorstellen, was das Problem war, als sie aufeinandertrafen: Ja, genau. Beide Riesen wollten die Riesin gerne zur Frau haben.

Und so entstand zwischen den beiden unfassbar großen Männern bald ein Handgemenge: Sie zogen sich an den Haaren, zwickten sich in die Arme und stellten sich ein Bein. Das klingt jetzt alles noch nicht so schlimm, aber bei den massigen Körpern hatte das natürlich auf die Umgebung verheerende Auswirkungen. So flüchteten die Menschen aus ihren Häusern, die zu schwanken begannen, und brachten sich in Sicherheit. Ein Riese riss mehrere Bäume aus und schleuderte sie in Richtung des anderen. Dieser sprang auf die Seite und die Bäume schlugen in die Erde und gruben sich wie Pfähle in den Boden. Der andere Riese zog die Baumstämme wieder heraus und aus dem entstandenen Loch quoll Wasser hervor. „Ich werde dir zeigen, wer hier der Stärkere ist!“, schrie einer dem anderen ins Gesicht. Und sie bewarfen sich mit Dreck und Schlamm. Und so entstand im Nu ein ganzer Hügel und bedeckte die gerade geschlagene Quelle wieder mit einem riesigen Haufen Erde. Erst als der Hügel schon über 80 Meter maß, hörten sie damit auf und zogen sich stattdessen wieder an den Haaren und schleiften sich schließlich über den Erdboden, so dass ganze Gräben entstanden.

Und was soll ich sagen? Obwohl die Riesen einen mächtigen Schädel hatten, war darin nur ein kleines Gehirn. Und bald hatten sie vergessen, warum sie den Streit eigentlich begonnen hatten. „Du bist der hässlichste und widerwärtigste Riese, den ich je gesehen habe!“, schleuderte der eine dem anderen entgegen und daraufhin verfolgten sie sich gegenseitig, bis sie nicht mehr zu sehen waren.

Die Riesin blieb erstaunt zurück, stand vor dem Hügel und lächelte vor sich hin. Natürlich fand sie es schmeichelhaft, dass die beiden ihretwegen Streit hatten. Dass keiner der beiden sich wirklich für sie interessierte, juckte sie nicht. Sie erfreute sich viel mehr an der Tatsache, dass sie das Wasser der Quelle gesehen hatte. Eine kleine Abkühlung würde ihr nach all der Aufregung guttun und so trat sie auf den Hügel und fasste mit ihrem Arm weit hinunter und holte sich mit ihren riesigen Händen das Wasser aus dem Boden. Sie trank von dem kühlen Nass, wusch sich das Gesicht und erfrischte ihren Körper. Danach legte sie sich müde von all dem Treiben neben den Hügel und schlief ein.

Zum großen Glück der Bewohner verließ sie die Gegend rund um Elten nach ihrem Nickerchen wieder und machte sich auf die Suche nach einem nächsten Abenteuer. Die Menschen kamen aus ihren Verstecken hervor. Keiner von ihnen war zu Schaden gekommen und so siegte, nachdem der Schrecken überwunden war, die Freude über den neu geformten Berg und die lebensspendende Quelle.

Die Gräben, die die Riesen gezogen hatten, wurden von den Menschen wieder geschlossen, der Hügel jedoch wurde zum Eltenberg. Denn als es schon lange keine Riesen mehr gab, bekam alles, was durch ihre Taten erschaffen wurde, für die Menschen eine besondere Bedeutung: Alle Quellen, Hügel und Berge waren für sie so etwas wie Heiligtümer. So, als hätten ihnen die Riesen etwas von ihrer Energie hinterlassen.

Auf dem Eltenberg wurde schon früh eine Abtei errichtet und der Brunnen versorgte die Menschen, die dort lebten, mit Wasser. Im Laufe der Zeit merkten sie, dass dieses Wasser eine besondere Wirkung hatte – dass es heilen konnte. Heute wissen wir, dass die Heilwirkung mit den Mineralstoffen des Wassers zu tun hat – aber vielleicht haben doch auch die Riesen und die Riesin ihre besondere Magie an dem Ort hinterlassen. Probiert es aus, wenn ihr an den Drususbrunnen kommt und spürt selbst.

Tour 4

Startpunkt

Zwischenziele

Parkplatz

Haltestelle

Zielpunkt

Gastronomie

Sehenswürdigkeit

Aussichtspunkt

Wanderstrecke

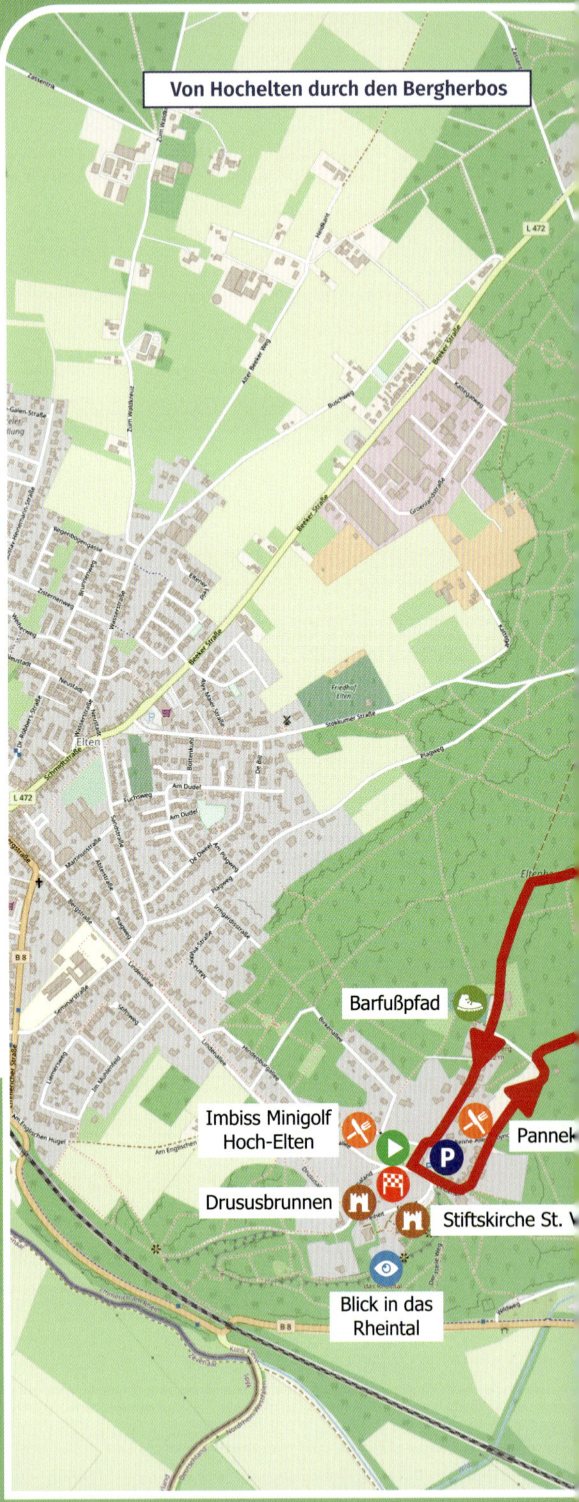

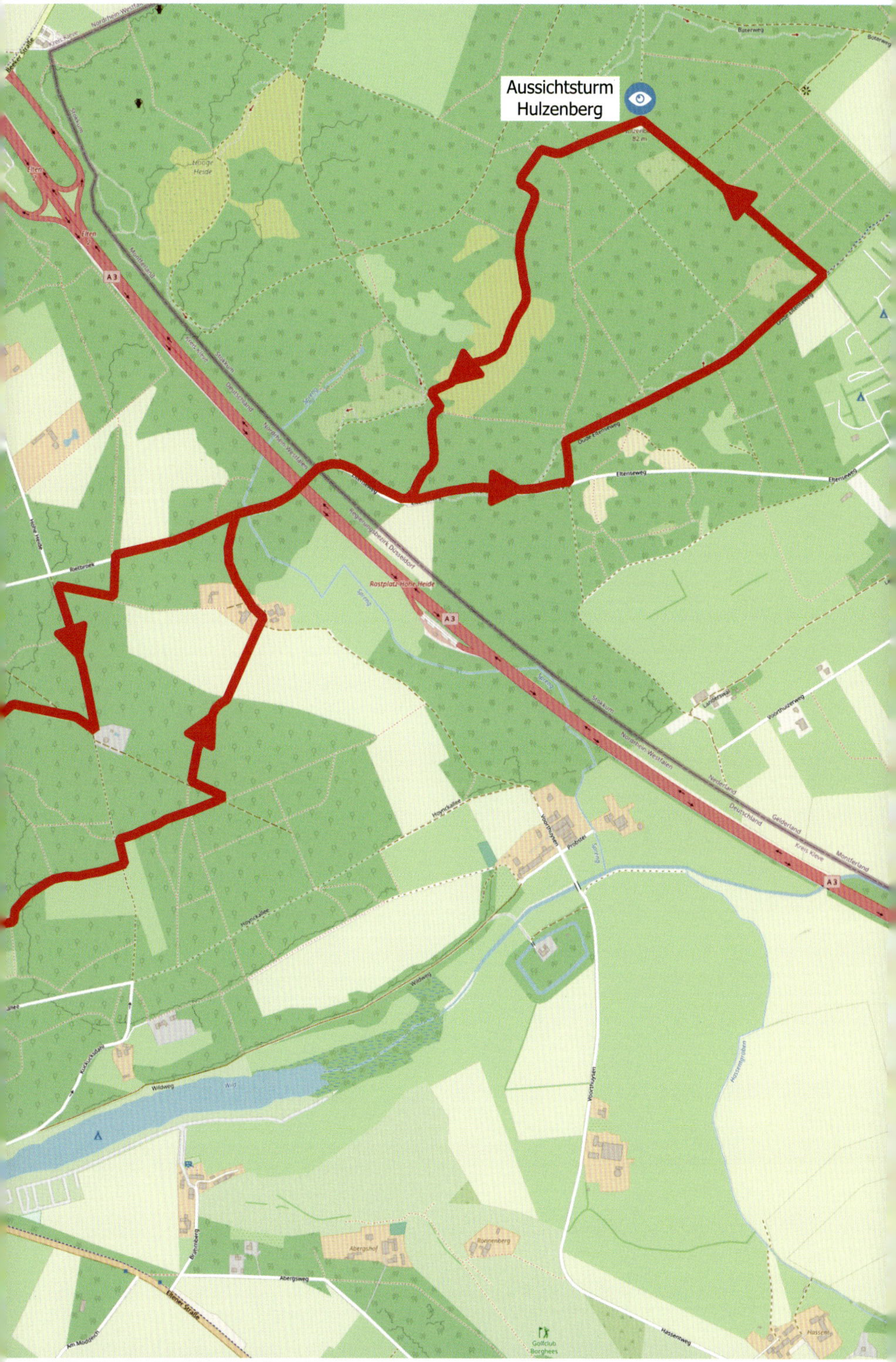
Aussichtsturm
Hulzenberg

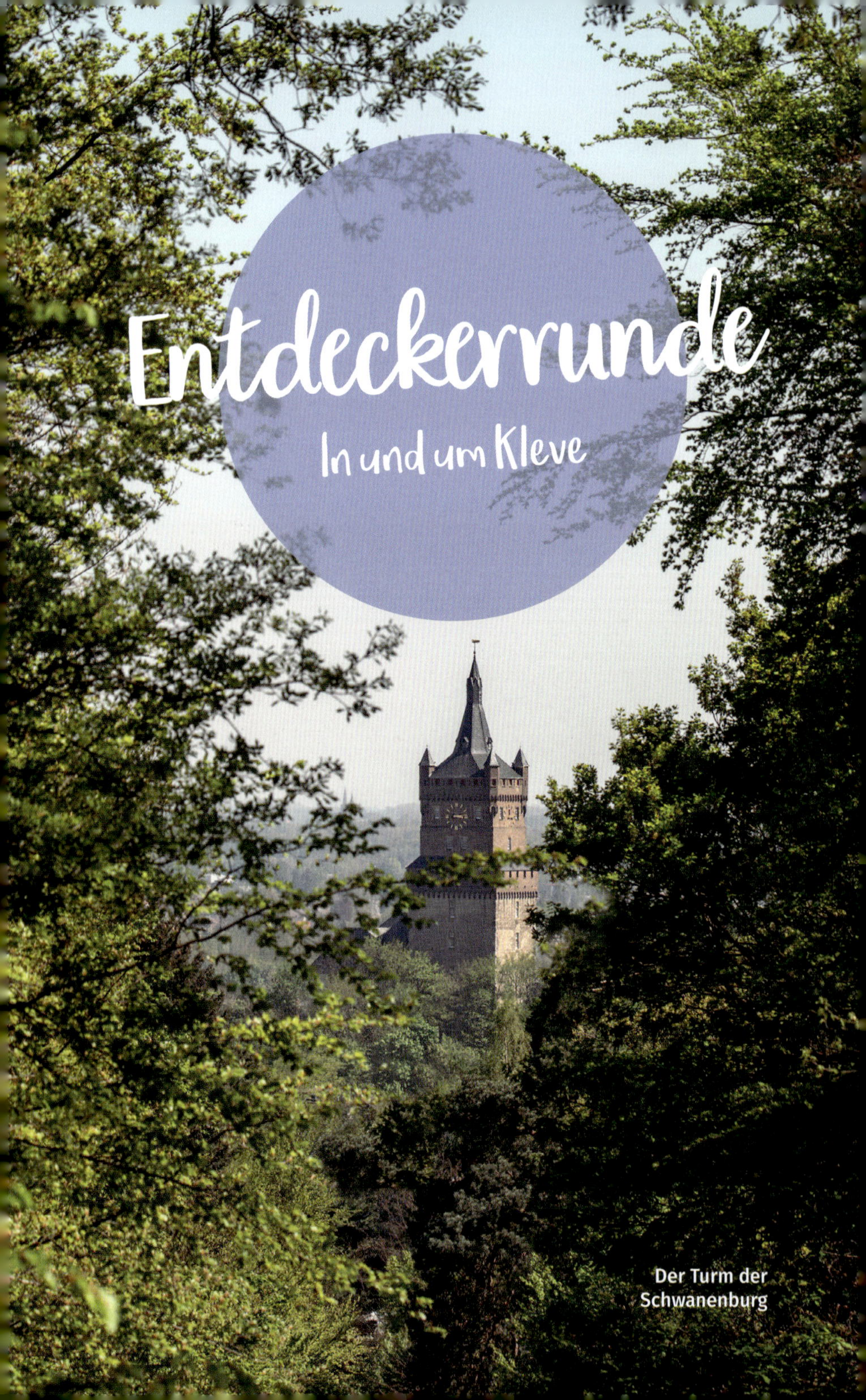

Der Turm der Schwanenburg

Der niederrheinische Höhenzug und seine schönen Wälder bilden die Kulisse für die Stadt Kleve und ihren Höhepunkt, die Schwanenburg. Da diese Route in Kleve am Bahnhof startet und endet, gibt es genug Möglichkeiten, die hübsche Stadt zu erkunden. Aber uns zieht es in den „Reichswald", wo uns ein Höhepunkt nach dem anderen erwartet: Aussichten wie vom Kupfernen Knopf und Einsichten wie an der Bärenhöhle unter dem Wurzelwerk einer Buche, Überraschendes wie an der Stadt der Steinmännchen und Erhebendes wie auf dem Turm auf der höchsten Erhebung am Niederrhein auf dem Klever Berg. Eine kurze Runde, die viel Zeit zum Entdecken lässt!

Tour 5

2:30 Std. | 9,5 km | 110 m

Start/Ziel: Bahnhof Kleve
Wegbeschaffenheit: durch die Stadt Bürgersteige, sonst Wald und Schotterwege
Parken: diverse Parkmöglichkeiten in Kleve
Anreise mit ÖPNV: Bus- und Bahnhof Kleve
Achtung: Die Bärenhöhle am besten nicht betreten, keinesfalls jedoch bei großer Trockenheit oder starker Nässe.

Wegbeschreibung: Vom Bahnhof in Kleve folgen wir den Schildern in Richtung Fußgängerzone und Touristeninformation, überqueren die Bahnhofstraße und gehen durch die Herzogstraße über den Spoykanal. Geradeaus über den Parkplatz erreichen wir die Touristeninformation und gehen an den Springbrunnen vorbei weiter, bis wir vor dem Koekkoek-Haus stehen. Daneben führt die gleichnamige Stiege bergauf zum Hanns-Lamers-Platz. Weiter bergan erreichen wir auf der Höhe eine große Kreuzung, an der zahlreiche Wege und Straßen aufeinandertreffen. Wir folgen der Gruftgasse nach rechts bergab bis zur breiten Querstraße. Dort biegen wir rechts ab und nehmen auf der anderen Straßenseite den kleinen Asphaltweg, der wieder bergauf führt. Durch die Schranke gelangen wir an einen gemauerten Rastplatz und dort an eine Gabelung, an der wir den linken Weg wählen. Der Pfeil auf dem Stein weist zum Kupfernen Knopf.

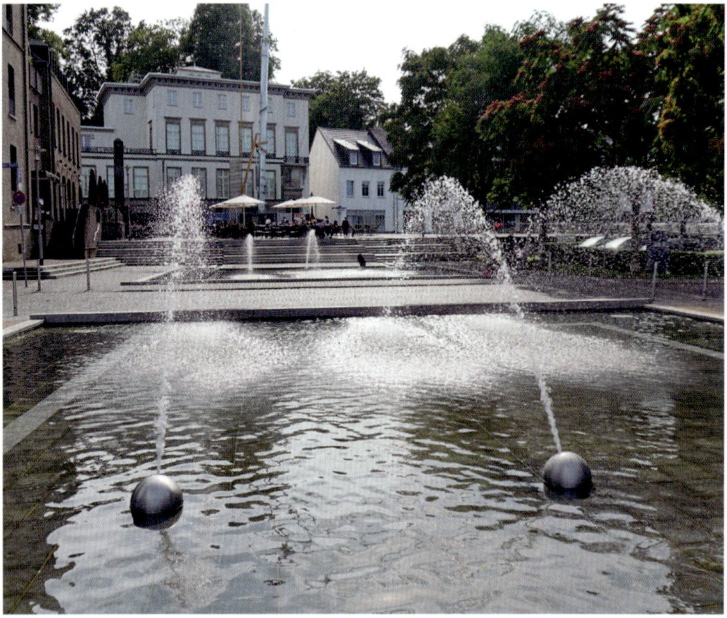

Springbrunnen am Koekkoek-Platz

Am Weg

Kupferner Knopf

Preußenkönig Friedrich Wilhelm IV. ließ 1856 über der Hangkante einen steinernen Obelisken errichten, gekrönt von einem Adler. Er ist von weither sichtbar – und somit bietet sein Standort auch eine besondere Aussicht: über die barocke Gartenanlage und das Rheintal bis zum gegenüberliegenden Berg, auf dem die Stiftskirche von Hochelten zu erkennen ist. Den Namen „Kupferner Knopf" hatte der Ort aber schon früher, weil hier einst ein hölzerner Pfahl mit einer kupfernen Kugel stand.

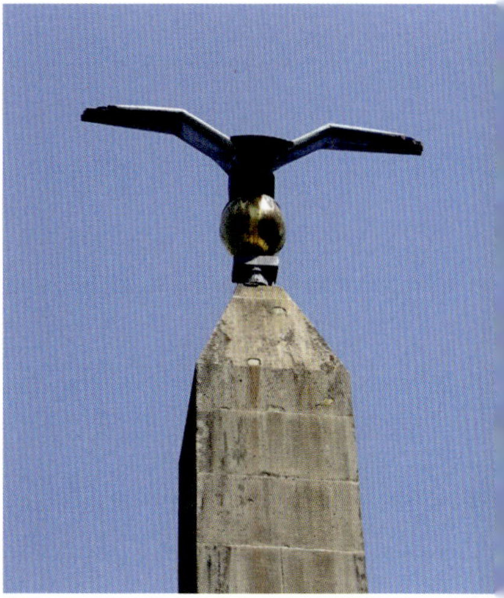

An den folgenden Wegkreuzungen liegen jeweils große Steine, auf denen die Ziele ausgewiesen sind. Wir wandern in Richtung Kupferner Knopf. Also folgen wir dem Wegweiser an der ersten Kreuzung nach rechts und gehen über die nächste der Raute folgend geradeaus bis zum breiten Querweg. Dort steht rechts über dem Rheintal der Obelisk, der Kupferne Knopf.

Vom Obelisken kommend wenden wir uns gleich wieder nach rechts in den Wald. Der Waldweg leitet uns zu einer Kreuzung, an der wir nach rechts gehen, und zwar bis zu einer Gabelung, an der wir uns links halten. Achtung: Nachdem wir eine Art Graben durchquert haben, führt unser Weg entlang einer tiefen Senke. Direkt oberhalb davon befindet sich rechts unter einer großen alten Buche die sogenannte Bärenhöhle. Nach dem Besuch der Höhle setzen wir unseren Weg oben weiter fort.

Allerdings nur bis zur nächsten Kreuzung, denn dort nehmen wir scharf rechts die Serpentinen, die steil hinunter ins Schlangental führen und auf der anderen Seite geradeaus genauso steil wieder hinauf.

Tipp

Steinmännchen

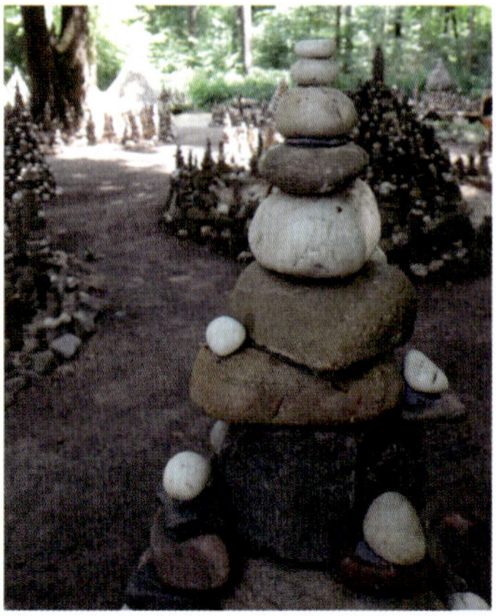

Steinmännchen – so steht es auf der Karte eingezeichnet. Na ja, werden die meisten denken, das hat man ja schon oft gesehen. Ganz sicher nicht, das können wir versprechen! Diese außergewöhnliche, künstlerisch gestaltete Ansammlung von Hunderten von Steinmännchen zieht sofort in den Bann und ist ein lohnendes Ziel. Idee und Umsetzung stammt vom Klever Künstler Markus Gern.

Oben behalten wir die Richtung bei und gehen geradeaus. Bald führt uns dieser Weg ein Stück bergab, bevor er auf eine Kreuzung trifft. Hier quert diagonal ein Weg, in den wir nach rechts einbiegen und gleich den nächsten Pfad überqueren. So geht es geradeaus bis zur Adolfsschlucht. Davor biegen wir links ab und gelangen zur „Stadt" der Steinmännchen.

Dort biegen wir links ab und gehen an dem Findling mit den Wegweisern vorbei in Richtung Sternberg geradeaus. Allerdings nur bis zur Gabelung wenige Meter weiter. Dort bleiben wir auf dem breiteren der beiden Wege leicht rechts.

Wir wandern nun für eine ganze Weile auf diesem Weg, bis ein Schild nach rechts zum Klever Berg weist. Jenseits der Straße nehmen wir die Königsallee in Richtung Jugendherberge, gehen aber nur bis zum Aussichtsturm, auf den man während der Öffnungszeiten der Gaststätte Vinho's hinaufsteigen kann. 87 Stufen führen nach oben zur Plattform, die Tür ist sehr schwer zu öffnen, aber nicht verschlossen. Gegenüber dem Turmeingang wandern wir wieder bis zur Nimweger Straße und gegenüber weiter. Am Ende der kleinen Straße halten wir uns geradeaus auf dem Waldweg und jenseits der Kreuzung

geht es über die Lichtungsschneise bergauf. Gegenüber dem Marienaltärchen wenden wir uns nach rechts zum Sternberg. Dort gehen wir rechts herum auf den Gipfel.
Beim Abstieg wenden wir uns an der kleinen Tafel nach links und zweigen dann nach rechts ab. Nun gehen wir genau auf die Schwanenburg zu. Der Pfad leitet uns zurück zu der Stelle, an der wir unsere Waldrunde begonnen haben.
Der Hauptstraße folgen wir bergauf, bevor wir auf der Kuppe nach links in die Arntzstraße abzweigen. Über den Grünen Heideberg wandern wir bergab, bis der Hasenberg uns rechts steil hinunterführt. Auf dem Platz gehen wir schräg links und über die Schlossstraße hinauf zur Schwanenburg. Ein Fußweg führt hinter der Burg herum. Wir nehmen die eiserne Treppe, die steil hinunter zu einem Sträßchen führt, dem wir bis an den Kanal folgen. Ihm entlang wandern wir nach links zurück zur Herzogstraße, von wo wir nach rechts wieder zum Bahnhof gelangen.

Info

Klever Berg

Die höchste Erhebung am unteren Niederrhein schafft die Hundert-Meter-Marke ganz knapp nicht. Vielleicht ließ Fürst Johann Moritz von Nassau-Siegen deshalb darauf noch sechs Meter für einen Aussichtshügel aufschütten? Seit 1892 wurde auf die insgesamt nun also 99 plus sechs Meter Seehöhe noch ein Turm aufgesetzt? 15 Meter hoch ist der und begehbar, wenn das Restaurant geöffnet ist.

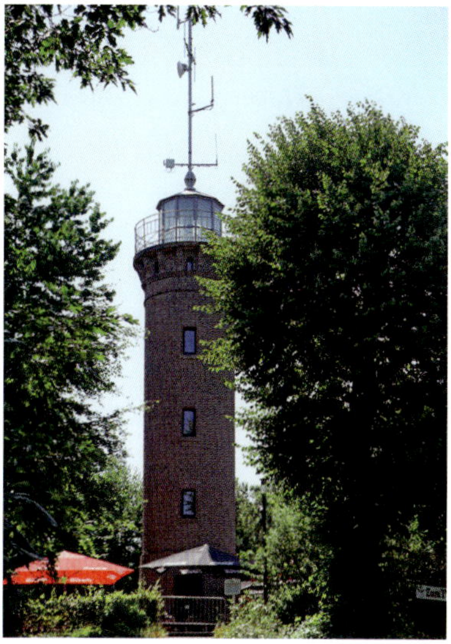

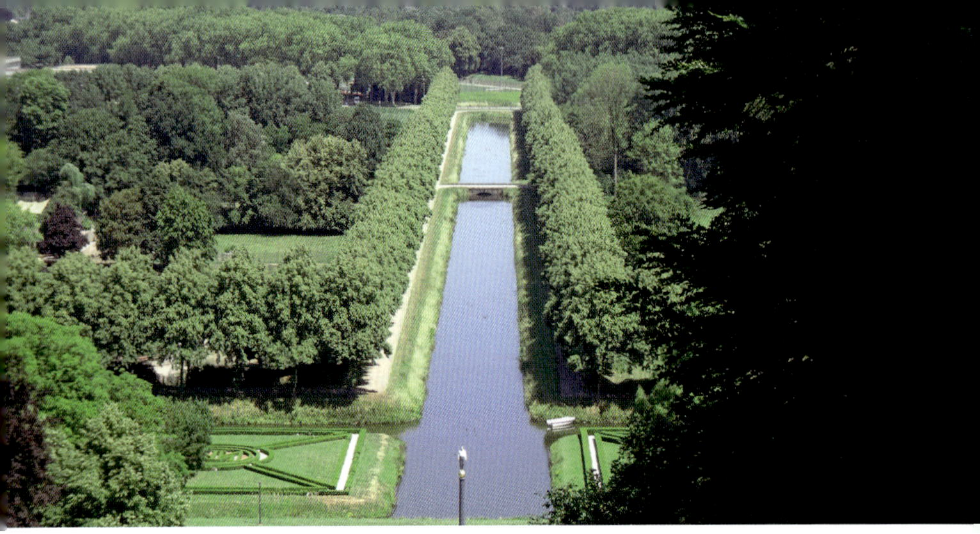

Blick vom Kupfernen Knopf auf den Tiergarten

Gastronomie

Vinho's, Königsallee 260, 47533 Kleve, Tel. 02821/9975450, www.vinhos-kleve.de

Info

Schwanenburg

Gegründet wurde die Burg „auf dem Kliff" vor fast genau 1000 Jahren. Bereits Ende des 12. Jahrhunderts gab es einen Rittersaal, den Bergfried und einen Befestigungsring. Ihre größte Ausdehnung hatte die Schwanenburg um 1600 unter den Klever Herzögen. Später, unter Johann Moritz von Nassau-Siegen, erfolgte ab Mitte des 17. Jahrhunderts ein Umbau im Stile des niederländischen Barocks. Übrigens ist der Schwanenturm schon zweimal wiedererrichtet worden. Noch heute wird er gekrönt von einer vergoldeten schwanenförmigen Wetterfahne, die schon Adolf I. von Kleve aufsetzen ließ. Was der Schwan mit Kleve zutun hat? Das erklärt die Legende des Schwanenritters.

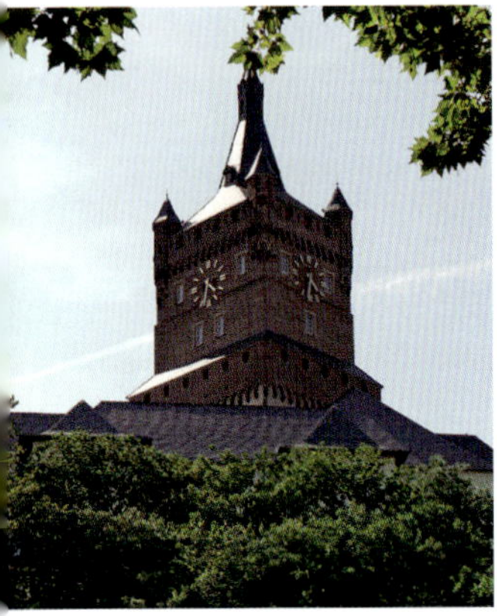

Informationen zur Burg, zu Kleve sowie Stadt- und Burgführungen unter www.klevischer-verein.de

Der Schwanenritter von Kleve

Auf einer Endmoräne aus der Eiszeit ragt die Schwanenburg aus dem sonst platten Land am Niederrhein hervor – in der Mitte der Stadt Kleve. Man fühlt sich zurückversetzt in eine Zeit der Märchen und Legenden. Über die Berge rund um die Stadt weht ein anderer Wind – ein magisches Lüftchen. Es raunt uns die Sage vom Prinzen zu, der mit einem Schwanenschiff ankam, um die Prinzessin von Kleve zu retten.

Es war einmal im Jahre 711 nach Christi Geburt in der Grafschaft von Kleve: Fünf Jahre und fünf Tage regierte ein tapferer und rechtschaffener Graf, bis er im Kampf gegen die Feinde zu Tode kam. Er hinterließ sein einziges Kind: die Tochter Beatrix. Das junge Mädchen war untröstlich über den frühen Tod des Vaters – trotzdem musste sie die schweren Aufgaben einer Regentin übernehmen und das Erbe antreten.

Doch die Zeiten waren rau und die Feinde zahlreich, und so war ihr Land bald in arger Bedrängnis. In ihrer Not träumte Beatrix von einem Retter. Sie sah in ihren Träumen einen edlen jungen Mann, der in einem von einem großen weißen Schwan gezogenen Boot zu ihr kommen würde.

Eines Tages saß die junge Gräfin wieder einmal zum Sonnenaufgang am Fenster ihrer Schlafkammer auf der Festung. Traurig und niedergeschlagen blickte sie durch die kleinen Butzenscheiben auf den Rhein, und da sah sie plötzlich einen gutaussehenden Jüngling, ausgestattet mit einem güldenen Schwert und geschwungenem Jagdhorn. Er stand auf einem Boot, das – an einer goldenen Kette befestigt – von einem leuchtend weißen Schwan gezogen wurde. Der junge Mann blickte stolz und lächelnd in ihre Richtung. Auf der Brust strahlte ein Schild mit acht goldenen Zeptern und einem Stück Zinnober in der Mitte. Die junge Gräfin erkannte das Wappen von Cleve auf seiner Brust: „Es ist der Mann aus meinem Traum“, dachte sie.

Die Jungfrau rannte an die Tore der Festung, um dort auf den jungen Edelmann zu treffen, der gerade Einlass erbat: Er wünschte sie zu sprechen. Beatrix verlangsamte ihren Gang, sie wollte dem Jüngling züchtig und ehrbar erscheinen, doch in ihrem Herzen brannte die Leidenschaft und die Freude darüber, dass ihr Traum von einem heldenhaften Retter für ihr Land und einem Gefährten für sich selbst wahr geworden war. So trat sie ihm mit einem glücklichen Lächeln gegenüber und er sprach: „Ich bin Helias, edles Fräulein. Ich bin gekommen, um treu an eurer Seite zu sein. Ich habe gute und schlechte Eigenschaften – so wie jeder Mensch. Aber ich möchte an eurer Seite meine guten Eigenschaften ausbilden und mich als treuer Ehemann und edler Herrscher erweisen." Die junge Gräfin war von dem bildhübschen Mann so eingenommen, dass sie sich sofort verliebte: „Ich bin Beatrix. Ich möchte mein Leben mit dir verbringen, mit dir weise über mein Land herrschen und eine glückliche Familie gründen." Sie legte ihre Hand in seine und signalisierte ihm damit, dass sie ihn an ihrer Seite akzeptierte und sich ein Leben mit ihm wünschte.

„Mein liebes Fräulein, ich bin der glücklichste Mann, weil Ihr mein Werben akzeptiert, doch ich muss Euch ein Versprechen abringen: Ihr dürft niemals nach meiner Herkunft fragen, sonst muss ich euch sofort verlassen und darf niemals mehr zurückkehren." Beatrix drückte seine Hand und versprach ihm, dass sie sich an die Abmachung halten würde. Sie waren überglücklich und so heiratete das Paar nach einigen Tagen in der Schlosskirche. Mit diesem Bündnis brachten sie eine friedliche Zeit über das Land und seine Bevölkerung.

Helias wurde zum Grafen von Cleve und gemeinsam mit seiner Frau regierte er die Grafschaft weise und umsichtig. Beatrix gebar im Laufe der Jahre drei Söhne: Der älteste war Dietrich, er war berufen der nächste Graf zu werden, der zweite Sohn hieß Gottfried, und war bestimmt Graf von Lyon zu werden, der jüngst Sohn, Konrad, würde im Dienste des Bischofs von Mainz seine Pflicht erfüllen.

Doch dann geschah das Schreckliche: Es war im Jahre 731, als Graf Helias es sich gerade mit seiner Ehefrau vor dem Feuer gemütlich gemacht hatte. Da kam ihr in einer unachtsamen Sekunde die unsägliche Frage über die Lippen: „Mein liebster Ehemann, unsere Söhne sind mir so lieb und teuer, warum sollten sie nicht wissen, woher sie stammen? Aus welchem Geschlecht und Land bist du vor 20 Jahren zu uns gekommen?“ Als sie die Frage ausgesprochen hatte, wurde ihr sofort bewusst, dass sie einen unwiderruflichen Fehler gemacht hatte. Denn in dem Moment war ihr Gemahl verschwunden und kam nie wieder zurück.

Aus Trauer und Gram verwelkte Beatrix wie eine Blume auf dem Feld und wurde nie mehr die, die sie vor dem Verschwinden des geliebten Helias war. Dietrich musste die Landesgeschäfte übernehmen und regierte 40 Jahre lang die Grafschaft Cleve. Er war ein tapferer und weiser Regent. Oft war es ihm, als wäre sein Vater an seiner Seite, doch wenn er sich umdrehte, sah er nur einen Schwan lautlos durch das Wasser oder über den Himmel ziehen.

Im Innenhof der Schwanenburg kann man auch heute noch den Geist des mystischen Helias spüren und an manchen Vollmondnächten hört man die verzweifelte Beatrix immer noch um ihren Gemahl weinen. Wenn ihr nach Kleve kommt, dann sucht nach einem Schwan – vielleicht wird das ihren Schmerz lindern.

Tour 5

Startpunkt

Zwischenziele

Parkplatz

Haltestelle

Zielpunkt

Gastronomie

Sehenswürdigkeit

Aussichtspunkt

Kunstobjekt

Naturerlebnis

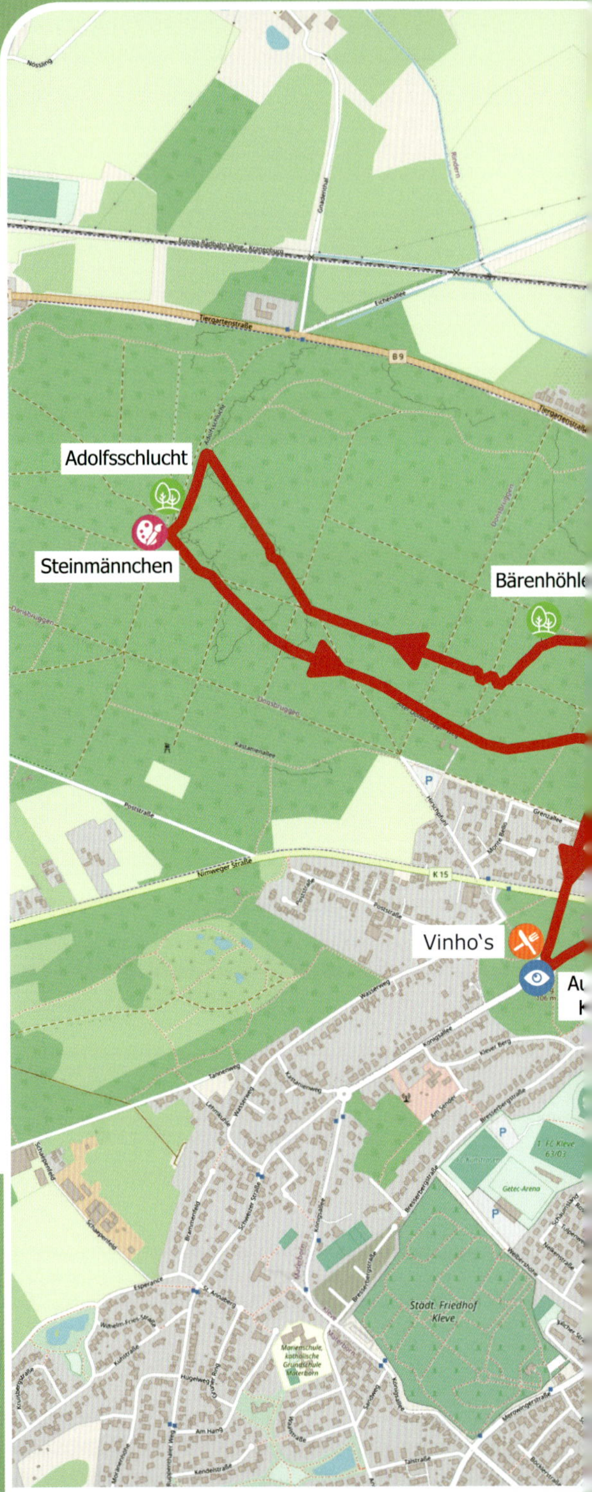

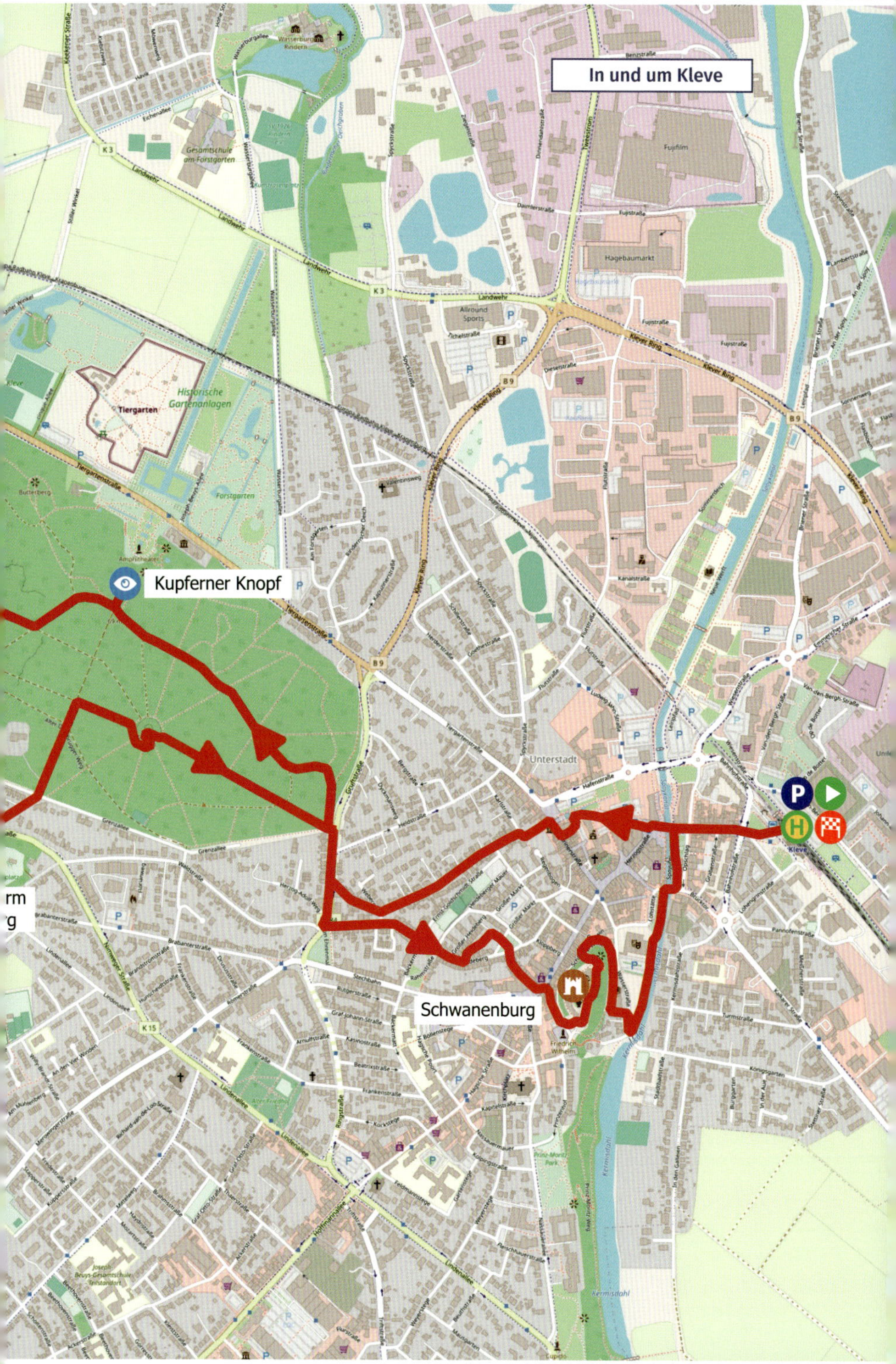
In und um Kleve
Kupferner Knopf
Schwanenburg
Tiergarten
Historische Gartenanlagen
Forstgarten
Unterstadt
Hagebaumarkt
Fujifilm

Mittelalter und Moderne

Von Kalkar nach Schloss Moyland

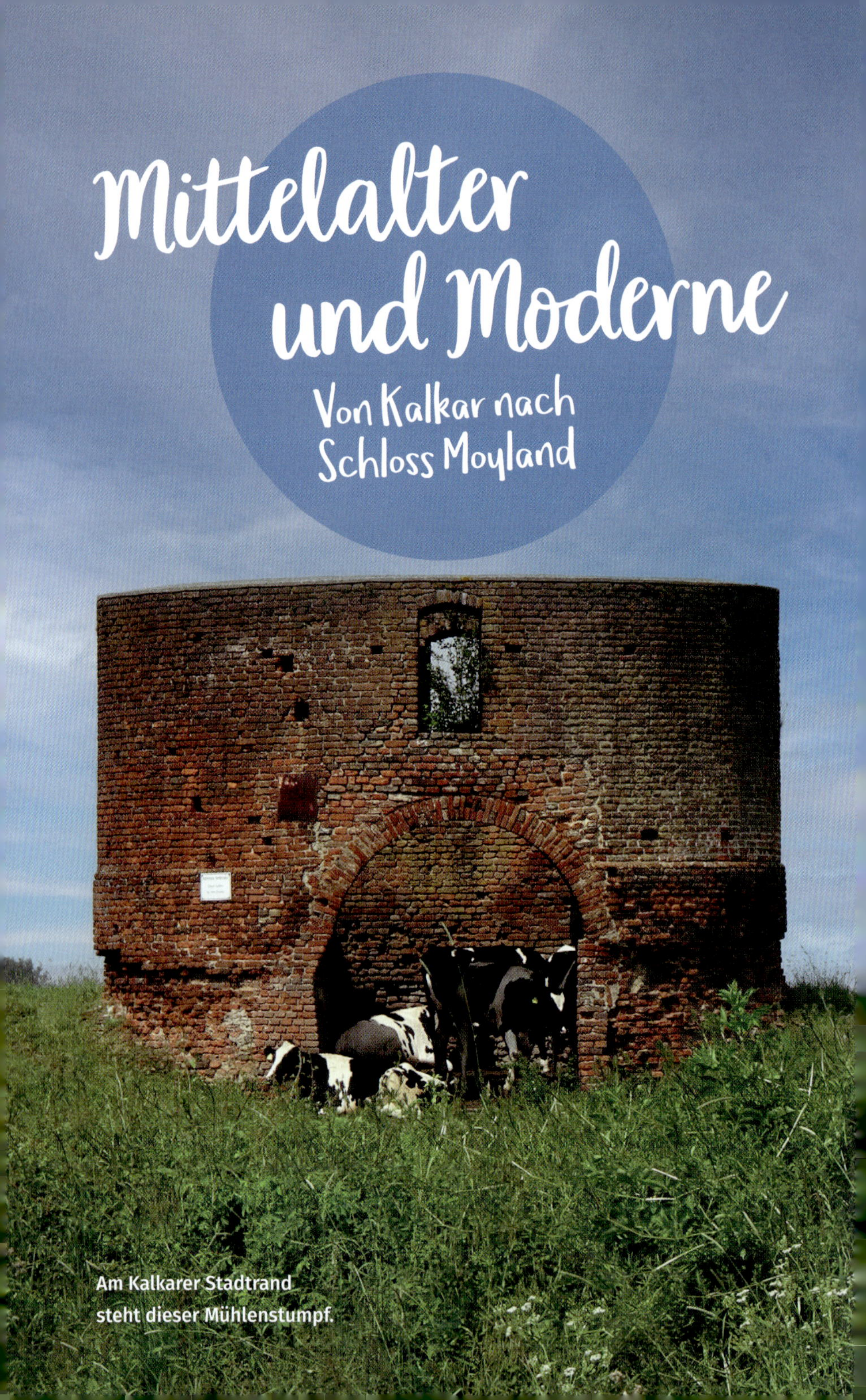

Am Kalkarer Stadtrand steht dieser Mühlenstumpf.

Er war selbst Niederrheiner, der in Krefeld geborene Künstler Joseph Beuys. Auf dieser Runde bietet das Museum moderner Kunst in Schloss Moyland mit der größten Sammlung des 1921 geborenen Künstlers den Wendepunkt. Start und Ziel ist das Gegenkonzept: das kleine, quirlige, gastliche Kalkar, dem der gotische und mittelalterliche Charme einer einst wohlhabenden Kleinstadt noch anzusehen ist. Dazwischen sandige Hügel und Seen und die weite Landschaft des Niederrheins.

Tour 6

3:45 Std. | 15 km | 20 m

Start/Ziel: Parkplatz Im Schwanenhorst, 47546 Kalkar
Wegbeschaffenheit: zur Hälfte asphaltierte Wege
Parken: Parkplatz Im Schwanenhorst
Anreise mit ÖPNV: Bushaltestellen Altkalkarer Straße oder Fachmarktzentrum

Wegbeschreibung: Diese Runde beginnt am Parkplatz Im Schwanenhorst. Auf der Altkalkarer Straße gehen wir über die Brücke nach links bis zum Marktplatz. Geradeaus überqueren wir den Platz und wandern an der Mühle vorbei über die Brücke, bevor wir links auf den Jakobuswall abbiegen. An der nächsten Brücke wechseln wir schon wieder die Bachseite und passieren ein Kneippbecken und gehen durch das Gelände des Seniorenheimes bis zur Straße. Dort wenden wir uns gleich links in die „Servitenstiege“, von der aus wir nach rechts in die Kesselstraße abbiegen. Über die Brücke wandern wir über einen Graben und dahinter geradeaus, bis wir noch vor der Ruine der alten Mühle links in „Sommerdyck“ abzweigen.

Vor dem Wall nehmen wir den Fußweg nach rechts und gelangen zu einer kleinen Straße, die uns nach links führt. Dort überqueren wir die Tiller Straße und folgen dem

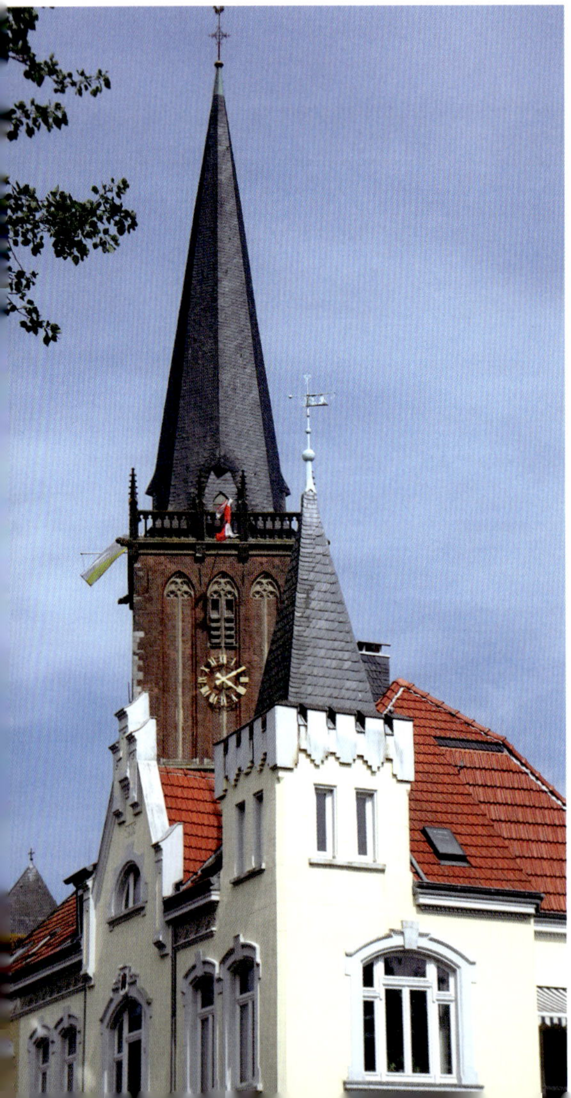

Nicolai-Kirche

Am Weg

Kalkar

Der Marktplatz der kleinen mittelalterlich geprägten Stadt Kalkar lädt mit seinen zahlreichen Restaurants und Cafés schon zur Pause ein, bevor die Wanderung erst richtig begonnen hat. Bei schönem Wetter sitzt man draußen mit Blick auf das spätgotische Rathaus aus dem 15. Jahrhundert und die bunten Fassaden der Treppengiebelhäuser. Gegründet 1230 durch die Grafen von Kleve wurde das heutige Stadtbild Kalkars im 15. Jahrhundert am Reißbrett geplant. Seit dieser Zeit wurde auch die Bürgerkirche Sankt Nicolai reichhaltig ausgestattet: vor allem die Schnitzaltäre und die Altaraufbauten sind einzigartig.

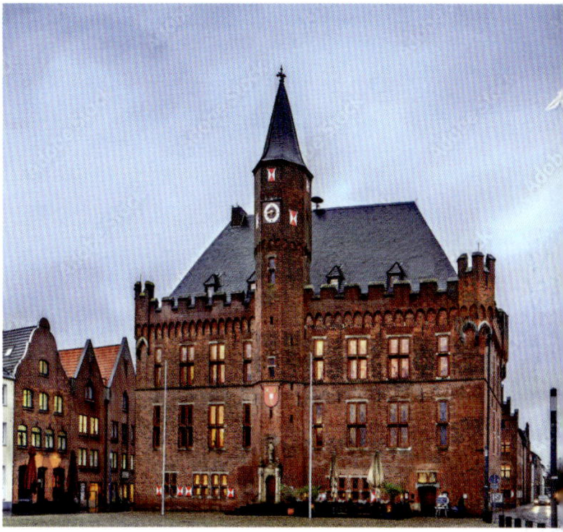

Fußweg bis zum Radweg, in den wir nach rechts abbiegen. Bald geht es entlang einer Straße weiter aus Altkalkar heraus.

Wir wandern geradeaus über den Kreisverkehr hinweg und dahinter bis zur ersten Abzweigung. „Am Bahnhof“ gehen wir links und biegen in die Querstraße zunächst rechts und sofort links ab. Die kleine Straße leitet uns hinter dem Klostergelände bis zu einem Querweg. Dort führt nach links ein Fußweg weiter. Dem Wanderweg über den Golfplatz folgen wir an der Kreuzung geradeaus und am Querweg rechts über die kleine Brücke.

An einer Schutzhütte überqueren wir die Kreuzung geradeaus und nehmen vor der Moyländer Allee den Pfad nach links. Auf der anderen Straßenseite wanden wir nach links auf dem Fahrradweg bis zur Schlosskirche. Dort wenden wir uns nach rechts und erreichen Schloss Moyland.

Nach dem Besuch des Schlosses gehen wir uns vor der Schlosskirche nach rechts Richtung Kreisverkehr. Dort biegen wir rechts ab. Hinter dem ersten Bauernhaus wenden wir uns nach links in den „Katzenbuckel" und gehen an der T-Kreuzung ebenfalls links. Entlang der Straße wandern wir nach rechts, bis wir bei erster Gelegenheit links abbiegen. Vor dem Bauernhof führt nach rechts ein Waldpfad bis zu einer mehrarmigen Kreuzung. Dort wählen wir den zweiten Weg von rechts, gehen bis zum Querweg und dort links auf dem mit einem X markierten Weg. An der Gabelung im Wald halten

Tipp

Kalkarer Mühle

Die im 18. Jahrhundert errichtete Lohmühle diente einst dazu, Eichenrinde zu mahlen, die für das Gerben von Leder gebraucht wurde. Lohe wurde die Eichenrinde damals genannt. Errichtet wurde die 28 Meter hohe Mühle aus den Steinen des alten Hanselaer-Tores. Nachdem die Mühle in den 1990er-Jahren restauriert wurde, dient sie heute wieder angestammten Zwecken: Hier wird Korn gemahlen, das im eigenen Backhaus verarbeitet wird. Außerdem wird Bier gebraut, das man im Mühlenrestaurant probieren kann. Müller und Brauer sind übrigens ehrenamtlich tätig. Die Eintrittsgelder kommen ausschließlich dem Erhalt der Mühle zugute.
Informationen unter www.kalkarer-muehle.de

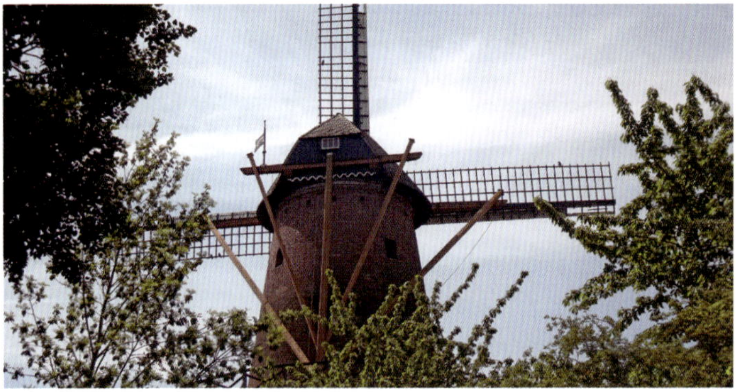

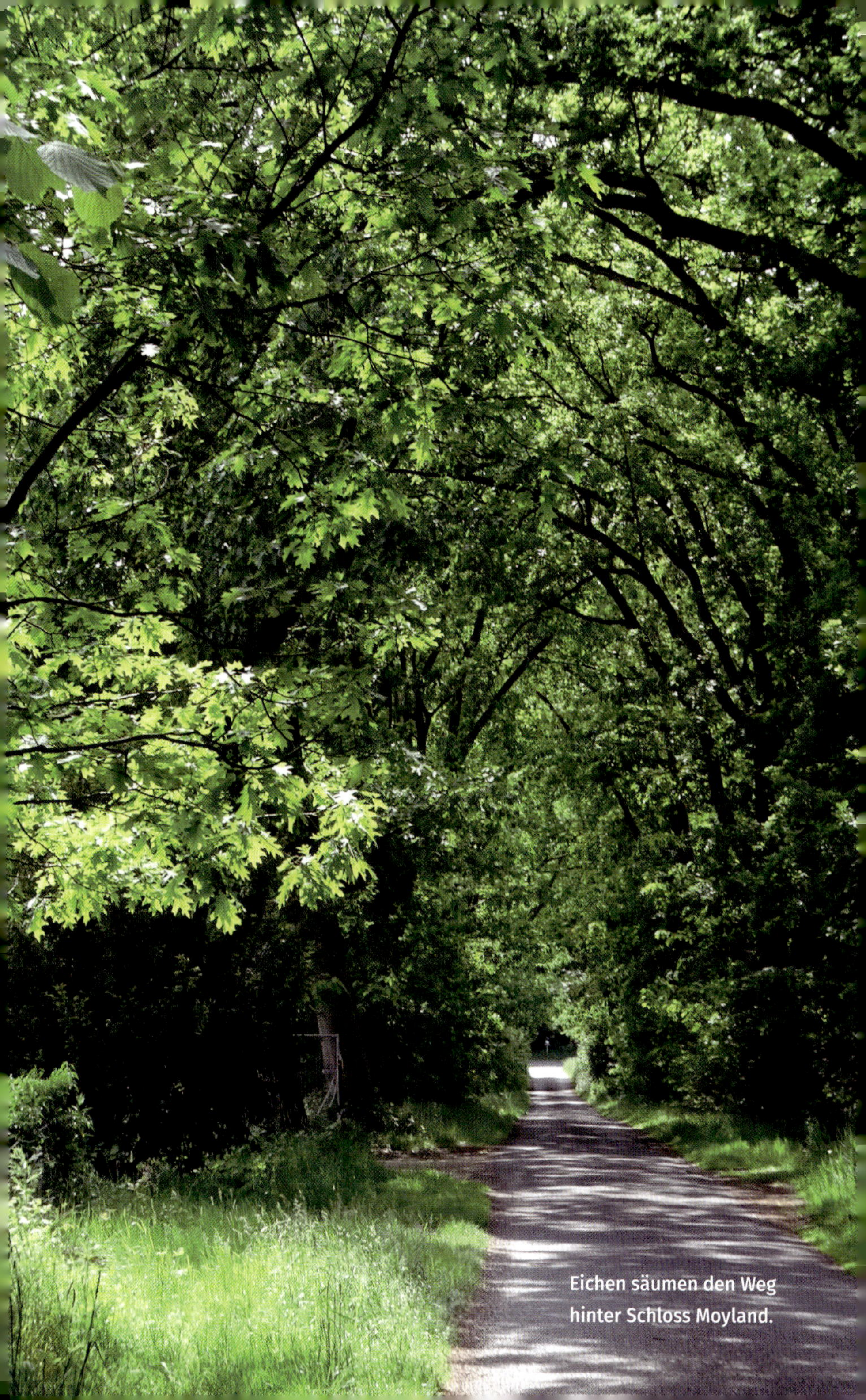

Eichen säumen den Weg
hinter Schloss Moyland.

Am Weg

Schloss Moyland

Der Anblick, den das mehr als 700 Jahre alte Schloss heute bietet, stammt aus der zweiten Hälfte des 19. Jahrhunderts. Der Kölner Dombaumeister Ernst Friedrich Zwirner gab dem Schloss damals sein neugotisches Aussehen. Die Familie von Steengracht lebte hier bis zum Ende des Zweiten Weltkriegs, dann verließ sie das schwer beschädigte Gebäude. Danach war das Ensemble dem Verfall überlassen, bis die Stiftung Museum Schloss Moyland 1990 gegründet wurde und es wieder errichtete, getreu seines letzten gesicherten Zustandes. Sehenswert ist auch der Schlosspark ebenfalls historisch wiedergestaltet im „gemischten Stil" – teils barock, teils englischer Landschaftsgarten, teils Skulpturenpark.

Überregional bekannt ist Moyland aber vor allem wegen seines Museums für moderne und zeitgenössische Kunst, das auf der Privatsammlung der Brüder van der Grinten basiert. Die Brüder waren eng mit Joseph Beuys befreundet, und so beherbergt das Museum mit mehr als 6000 Arbeiten des Künstlers die weltweit größte Sammlung seiner Werke.

Informationen unter www.moyland.de

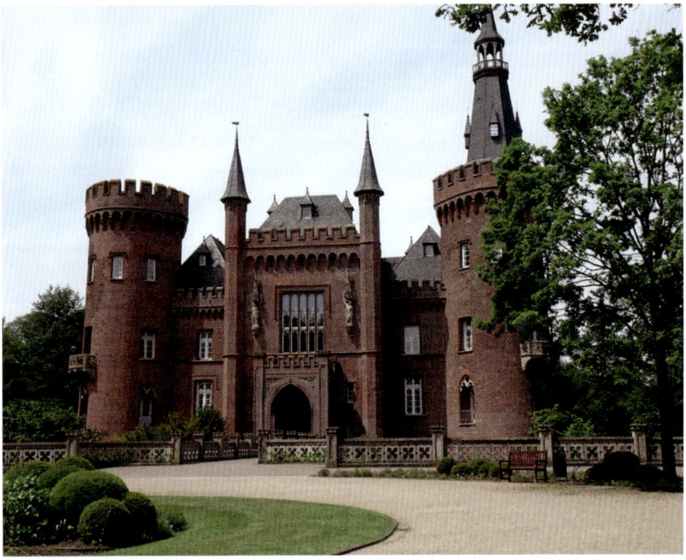

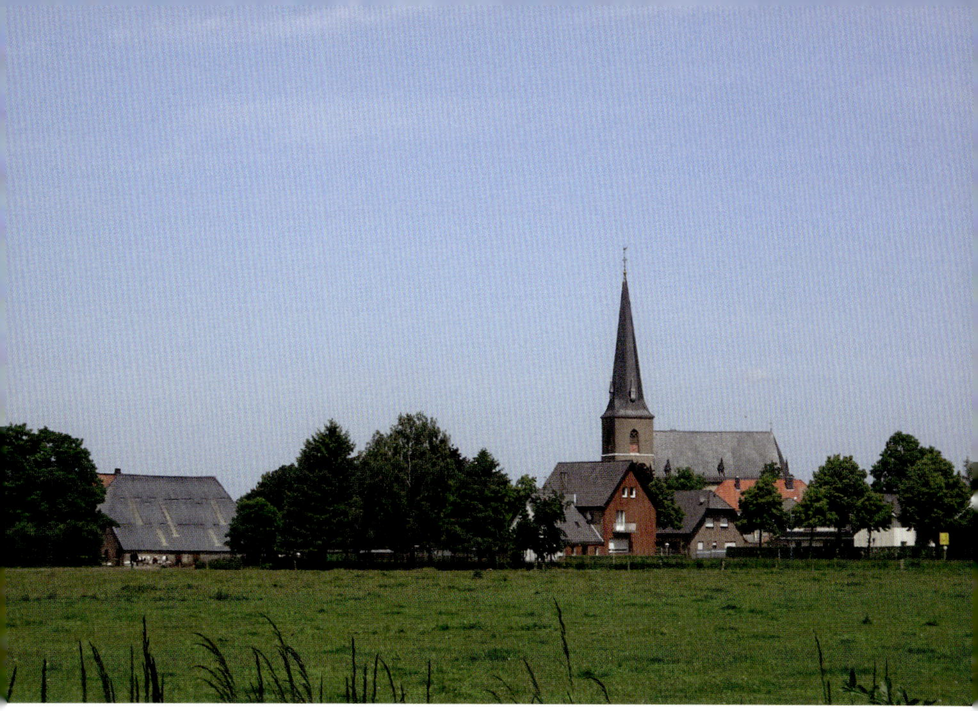

Zwischen Kalkar und Moyland

wir uns rechts und am Entsorgungszentrum wieder rechts, bevor wir uns an der Straße nach links wenden.

Am Kreisverkehr geht es geradeaus weiter, bis wir nach dem Bauernhaus in die Straße „Mössekiep" abzweigen, der wir an der Gabelung nach rechts folgen. In den Horster Weg wenden wir uns nach links und folgen dem mit X markierten Asphaltsträßchen an Haus Horst vorbei. An der Gabelung direkt am Zaun gehen wir rechts.

Die kleine Straße führt uns bis nach Kalkar, wo wir uns nach links wenden und über den Kreisverkehr hinweg wieder den Ausgangspunkt erreichen.

Gastronomie

Post Moyland, Moyländer Allee 16, 47551 Bedburg-Hau,
Tel. 02824/9615791, www.postmoyland.de

Rocco's Museumscafé, Tel. 02824/9510-35, www.moyland.de/schloss-und-park/museumscafe/ (Museumsgäste, die Speisen und Getränke im Café zu sich nehmen, erhalten den Parkeintritt laut Website erstattet.)

Die Schlossgespenstin, die sich im Spiegel sehen konnte

Heute ist Schloss Moyland vor allem dafür bekannt, dass dem deutschen Künstler Joseph Beuys hier ein Denkmal gesetzt wurde. Es gibt ein riesiges Archiv, das sein Lebens- und Schaffenswerk zeigt. In früheren Zeiten war das Schloss auch schon bekannt, nämlich dafür, andere Sitten zu haben: Hier wurde Besitz auch an die ältesten Töchter einer Familie vererbt, nicht nur an die Söhne. Vielleicht erklärt das, warum in Schloss Moyland eine Gespenstin unterwegs ist und kein Gespenst. Unsere Geschichte erzählt davon.

Es ist allerorts bekannt, dass sich Gespenster nicht in Spiegeln sehen können. Das weiß ja jedes kleine Kind. Oder? Ich wusste es nicht und auf meinem Spaziergang durch die Parkanlage des Schlosses sah ich eine Skulptur, die mich sofort an einen Geist aus einem anderen Jahrhundert denken ließ. Eine schwebende, durchscheinende Frau im langen Kleid mit einem spitzen Hut auf dem Kopf. „Solche Hüte hatten Frauen doch nur im Mittelalter auf", sinnierte ich, als ich an der Statue vorbeiging. Als ich kaum vorüber war, hatte ich aus den Augenwinkeln das Gefühl, dass sich hinter mir etwas bewegte. Aber als ich mich umdrehte, war da nichts, die Figur stand unverändert auf ihrem Podest. Durch die üppig blühenden Hortensiengärten führte mich der Weg schließlich zum Schloss.

Beim Betreten des Vorplatzes empfing mich die verspielte, neugotische Fassade des Wasserschlosses. Im Mittelalter hatte es hier wohl anders ausgesehen, überlegte ich. Eher wie eine Burg mit Wehrbau, Wehrtürmen, einem Wohnbau und Palas: Der bildete das kulturelle Herz, hier wurden Feste gefeiert und Gäste bewirtet – Hofnarren sprangen und sangen durch die Hallen.

Beim Betreten des Schlosses, da war mir, als ob sich etwas bewegte, wo nichts war. Dann spürte ich einen kalten Luftzug und es fröstelte mich sofort. „Was war denn das?", dachte ich mir und ging in die Richtung, aus der mich der kalte Windstoß erwischt hatte. Bald war ich allein unterwegs in einem Gang und las ein Schild: „Der Visionär" stand darauf neben einem Foto des Künstlers Joseph Beuys. Da erschien es mir wieder, als ob etwas meinen Arm streifen würde und mich mitziehen wollte. Kurz zuckte ich zusammen, doch dann nahm ich allen Mut zusammen und ließ mich zu einer Tür führen. Wie von Geisterhand öffnete sie sich, als ich näherkam.

Ich schritt hindurch und befand mich plötzlich in einem riesigen Saal. Er war leer. Nur ein Spiegel stand in der Mitte. Er hatte einen breiten goldenen Rand, verziert mit kleinen Rosen und Blättern. An einer Wand war auf rissig-weißem Putz ein alter Stammbaum aufgezeichnet. Ein Stammbaum ist ein Abbild einer Ahnenfolge, in dem alles, was in einer Familie über Jahrhunderte passiert, aufgezeichnet wird: Geburten, Hochzeiten, Todesfälle. Die Wand in der Halle war mit sehr, sehr vielen Namen bedeckt.

Ich drehte mich um meine eigene Achse und fragte mich, was ich hier wohl sollte? Aber ich kam gar nicht dazu, mich zu gruseln, denn plötzlich erschien eine weibliche Gestalt in dem großen Spiegel. Ich trat näher heran und sie murmelte: „Ich kann mich im Spiegel sehen. Geister sollten sich nicht in Spiegeln sehen können." Und etwas verzweifelter: „Etwas stimmt nicht mit mir."

Ich erkannte in der Frau die Statue, die mir schon im Garten aufgefallen war. Sie trug ein mittelalterliches Kleid, einen spitzen Hut und hatte die Haare bedeckt. „Wer bist du?", mehr konnte ich nicht herausbringen, immerhin sah ich gerade eine Gespenstin. „Ich bin Adelburg", erwiderte sie: „Schön, dich in meinem Zuhause willkommen zu heißen. Es ist mir eine große Ehre." Dann lächelte sie schüchtern und sah mich erwartungsvoll an. „Warum bin ich hier?" fragte ich die scheue Dame und unterdrückte alle ängstlichen Gedanken, weil ich spürte, dass sie Hilfe brauchte.

„Ich weiß nicht mehr weiter“, kam es verzweifelt aus dem Spiegel und eine Träne rann über das blasse Gesicht der jungen Frau. „Ich möchte nicht mehr herumirren und mich in jedem Spiegel sehen müssen. Bitte hilf mir!“ In meinem Kopf rasten die Gedanken, wie konnte ich dieser Ahnenfrau helfen. Was war mit ihr geschehen? Ich blickte mich in dem Saal um und ging zu dem Stammbaum. Vielleicht konnte ich sie dort finden. Aber vergeblich suchte ich den Namen Adelburg in der Abfolge der Menschen, die hier verewigt waren. „Ich finde deinen Namen nicht“, sagte ich zu der Frau im Spiegel. Deren Gesicht wurde noch trauriger: „Man hat mich wohl vergessen.“

Kurz dachte ich darüber nach und überlegte mir, ob sie deshalb als Geistin durch das Schloss spuken musste, weil sie nicht aufgezeichnet, ausgelöscht oder vergessen war. „Ich sollte die Burg erben, doch mein Bruder sah meiner Erbschaft neidvoll entgegen und deshalb brachte er mich schon als junge Frau in ein Kloster. Dort wurde ich versteckt und alle dachten, dass ich bei einem Ausritt verunglückt wäre.“

„Aber warum steht dein Name nicht auf der Ahnentafel? Hat er ihn ausgelöscht, so, als ob du nie dagewesen wärst?“ Die Geisterfrau war plötzlich nicht mehr im Spiegel zu sehen und ich spürte einen kühlen Windhauch an mir vorbeiziehen: „Du hast Recht, mein Name fehlt. Es ist, als wäre ich nie geboren.“

Ich drehte mich von dem Stammbaum wieder zum Spiegel, in dem die mittelalterliche Dame wieder erschienen war: „Das tut mir leid für dich. Das ist ein schlimmes Schicksal. Und wer nie geboren wurde, kann auch nicht sterben“, versuchte ich mir einen Reim auf all dies zu machen: „Vielleicht würde es dir helfen, wenn ich dich auf den Stammbaum schreiben würde? Vielleicht wäre dein Leid dann beendet und du könntest das Schloss verlassen.“ Ein tiefes Schweigen legte sich über den großen Saal. Plötzlich sah ich einen Schmetterling an mir vorbeifliegen. „Wo kommt der denn her?“, dachte ich, als ich ihm zur Ahnentafel folgte. Dort setzte er sich vor einen Namen: Adelbert. „Schreib hier meinen Namen hin. Ich bitte dich, gib mir einen Platz auf dieser Welt!“, kam es verzweifelt aus dem Spiegel.

Ich nahm einen Stift aus meiner Tasche und schrieb damit den Namen Adelburg, vor den Namen ihres feindseligen Bruders Adelberg. Nichts geschah. Ich drehte mich um und sah die Frau im Spiegel immer noch gebannt auf den Stammbaum blicken.

Dann wurde mir schwarz vor Augen und das Nächste, was ich erblickte, war ein beunruhigtes Gesicht einer Frau, die sich über mich beugte. „Was ist passiert, sind Sie gestürzt?", fragte sie mich besorgt. „Soll ich einen Arzt rufen?" Ich richtete mich auf, sah mich um und erkannte den Gang und den Schriftzug: „Der Visionär". Was war passiert? War ich bewusstlos geworden? War das alles nur ein Traum? „Nein, danke es geht mir gut", antwortete ich der Frau und stand auf. „Ich hatte wohl eine Vision, so wie der Künstler", sagte ich lachend. „Na dann," erwiderte die Frau etwas erstaunt und ging wieder zurück zu ihrer Arbeit. Ich wandelte noch eine Zeit durch die Ausstellungsräume, kam aber nirgendwo an die Tür, die mich in den Saal mit dem Spiegel und dem Stammbaum geführt hatte.

Irgendwie fühlte ich mich leichter, als ich das Schloss verließ, so als ob eine Last von meinem Herzen gefallen wäre. Als ich durch den Park zurücklief, war die Statue der mittelalterlichen Frau verschwunden, was mich nicht weiter verwunderte. Plötzlich spürte ich etwas auf meiner Hand – es war derselbe Schmetterling, der sich auf dem Stammbaum gesetzt hatte. Er bewegte seine winzigen Fühler, bevor er sich wieder in die Lüfte erhob und davonschwebte.

Solltet ihr zum Schloss Moyland kommen, dann gebt gut acht, ob die Gespenstin immer noch irgendwo zu sehen ist. Ich hoffe ja, dass sie durch die Inschrift ihres Namens von ihrem Fluch befreit ist.

Tour 6

Startpunkt

Zwischenziele

Parkplatz

Haltestelle

Zielpunkt

Gastronomie

Sehenswürdigkeit

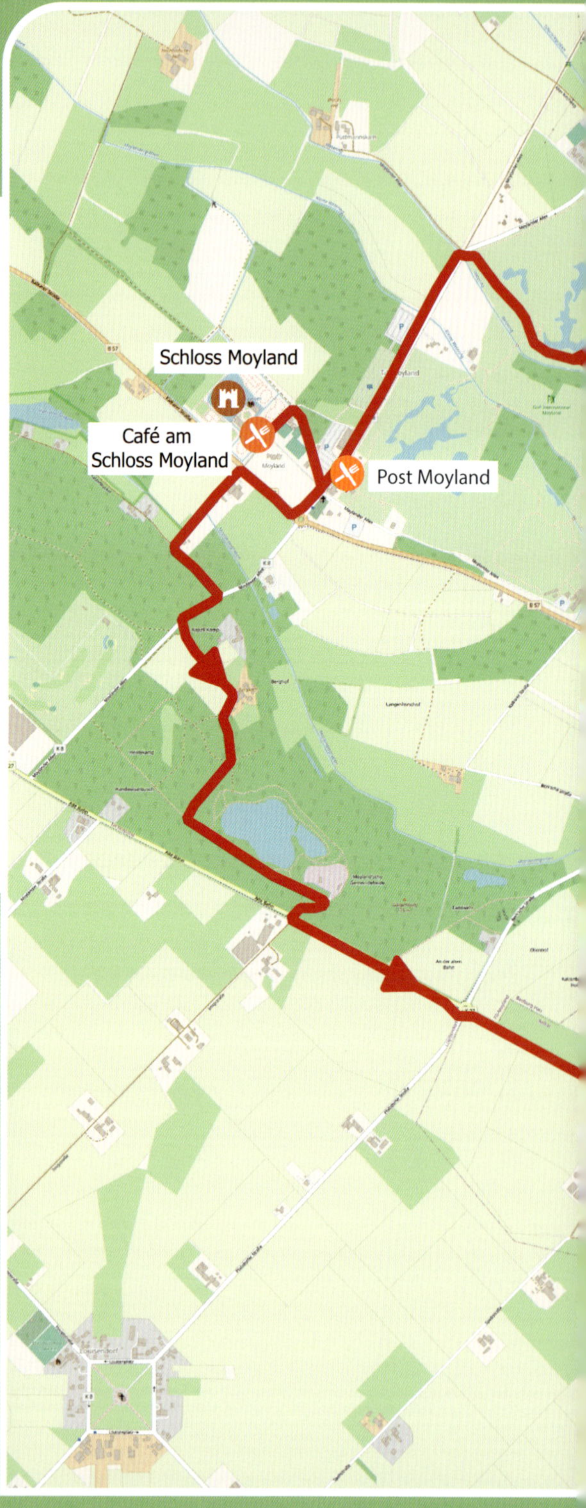

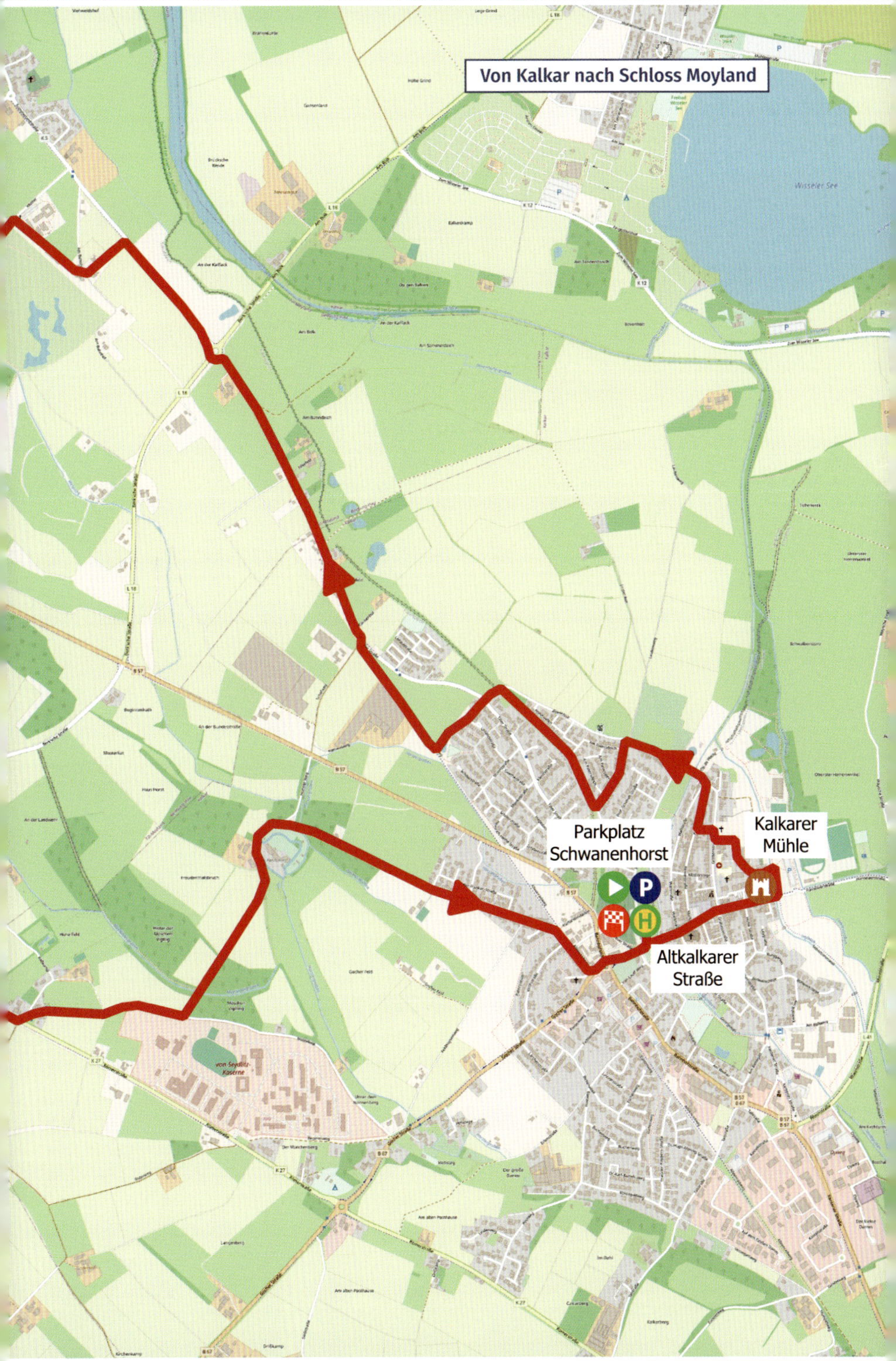

Von Kalkar nach Schloss Moyland
Parkplatz Schwanenhorst
Kalkarer Mühle
Altkalkarer Straße
Wisseler See
von Seydlitz-Kaserne

Die Bislicher-Acht

Von Xanten nach Bislich und zur Bislicher Insel

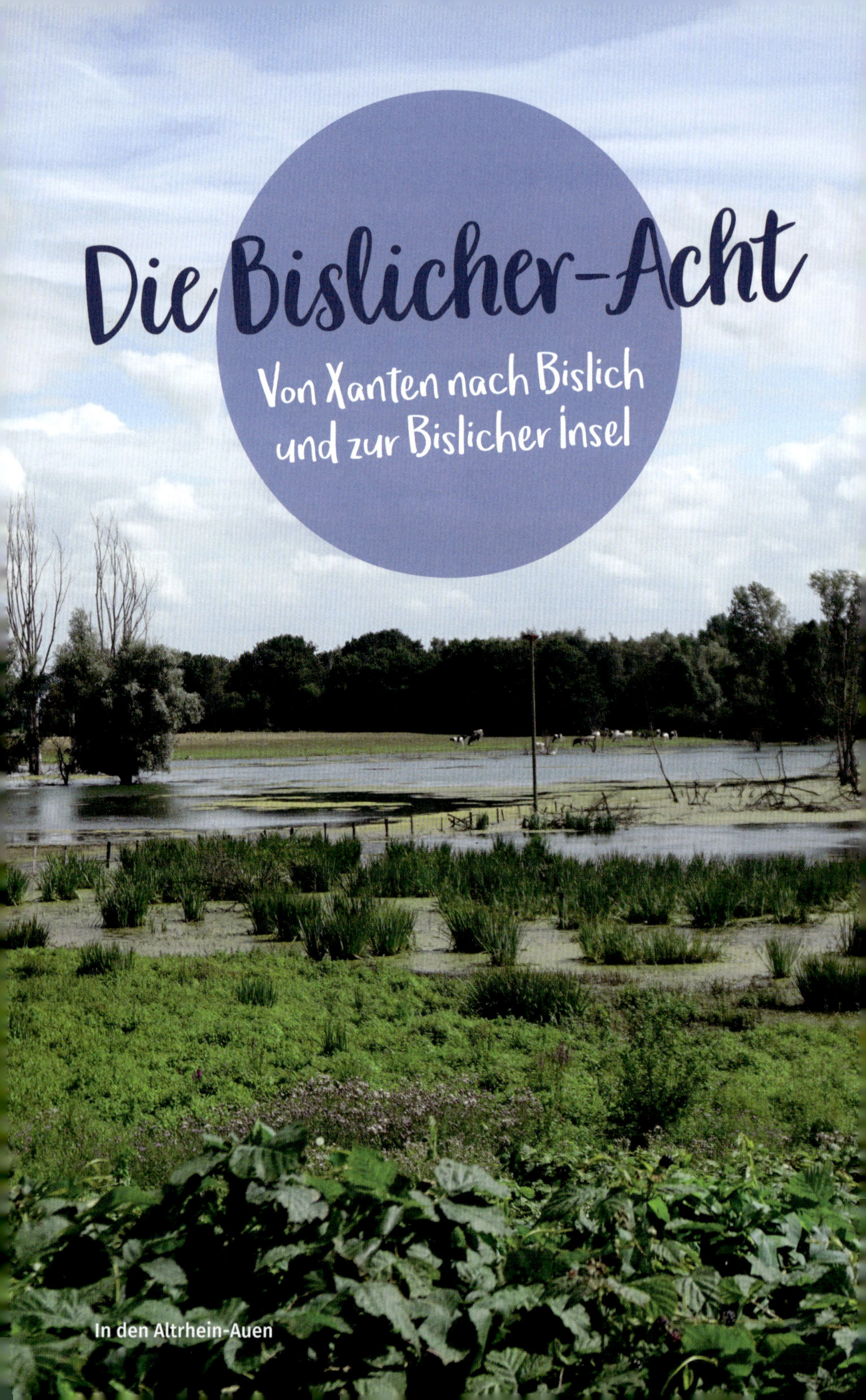

In den Altrhein-Auen

Bislich und die Bislicher Insel sind durch den Rhein getrennt und nur durch eine Fähre verbunden. Auf beiden Seiten des Flusses kann man Wasservögel beobachten, und auf beiden zeigt sich die ganze Schönheit der vom Rhein geprägten Landschaft. Dazu die alte Römerstadt Xanten mit ihrem einladenden Marktplatz und dem unbedingt sehenswerten Römermuseum mit dem Archäologischen Park. Xanten ist immer einen Ausflug wert!

Tour 7

4:40 Std. | 19,5 km (12,5 + 7 km) | 31 m

Start/Ziel: Römermuseum, Eingang Stadtzentrum, Am Amphitheater, 46509 Xanten
Wegbeschaffenheit: überwiegend asphaltierte Wege
Parken: am Museum
Anreise mit ÖPNV: Bushaltestelle Archäologischer Park oder Bahnhof, von dort zu Fuß zum Dom: 1 Kilometer
Besonderheit: Die Fähre zu den Bislicher Inseln verkehrt nur in den Monaten April bis Oktober und nicht an jedem Tag.

Wegbeschreibung: Wir starten am Eingang „Stadtzentrum“ des Archäologischen Parks. Vom Museum kommend halten wir uns ganz rechts auf dem Fußweg in Richtung historischer Stadtkern. Außerhalb der Stadtmauern wandern wir bis zur Windmühle. Dahinter treten wir durch das Tor und gehen gegenüber der Mühle auf den Dom zu. Wenn er geöffnet ist, können wir geradeaus durch den Kreuzgang in die Kirche gehen. Ansonsten wandern wir rechts um sie herum und dann gegenüber dem Haupteingang durch das Tor in die Stadt.
Den Markt überqueren wir schräg nach rechts, um auf der Marsstraße stadtauswärts zu wandern. Jenseits der Kreuzung über West- und Südwall und des kleinen Kreisverkehrs halten wir uns immer geradeaus auf der Viktorstraße bis zur breiten Umgehungsstraße. Weiter geradeaus geht es über „Fürstenberg“ bergauf. Wo von rechts der Bergweg auf die Straße trifft, führt links neben dem Tor zur Schießsportanlage ein schmaler Pfad durch das Naturschutzgebiet

Am Weg

St.-Viktor-Dom

Der Name der Stadt Xanten kommt von den Heiligen, den „sanctos“. Laut einer Legende wurde der römische Legionär Viktor, der als Märtyrer starb, südlich der Römerstadt beerdigt. Über seinem vermeintlichen Grab entstanden Kapellen und später die ersten Kirchen. Schließlich wurde 1263 der Grundstein für den heutigen gotischen Dom mit der romanischen Westfassade und den Türmen gelegt. Schon 500 Jahre früher war ein Stift gegründet worden. Daneben entwickelte sich die Stadt Xanten.

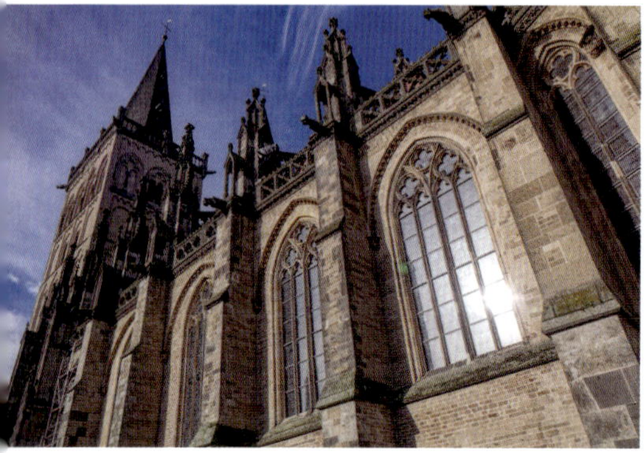

Tipp

Archäologischer Park und Römermuseum

Einst war Colonia Ulpia Traiana, an der nördlichen Grenze des römischen Imperiums gelegen, eine der größten Metropolen in Roms germanischen Provinzen. Damals war der Ort das Zuhause von mehr als 10.000 Menschen. Zum Glück für die Archäologie entstand die Nachfolgestadt Xanten nicht über den Resten der Siedlung, sondern daneben, zum Teil erbaut aus den Steinen, die die Römer verwendet hatten. So lässt sich heute auf dem Originalgelände die römische Stadt nachempfinden, eins zu eins in originaler Bauweise.

Informationen, Eintrittspreise und Öffnungszeiten
unter Tel. 02801/9889213, www.apx.lvr.de

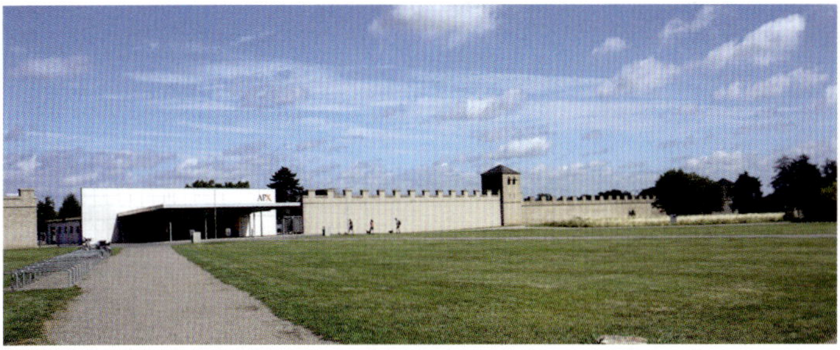

zur Bundesstraße. Auf deren anderer Seite folgen wir links der Tankstelle der kleinen Straße nach Beek. Dort biegen wir links ab. Die Querstraße leitet uns nach rechts zur Schiffsanlegestelle.

Am gegenüberliegenden Ufer des Rheins nehmen wir zunächst die kleine Straße, die vom Anleger wegführt, und biegen schließlich links auf den Deich nach Bislich ab. Am Ehrenmal zweigen wir rechts ab und wandern nach rechts auf der Dorfstraße. Geradeaus gelangen wir an die Schifferstraße, die uns nach rechts am Friedhof vorbei zur Frankenstraße leitet. In diese biegen wir rechts ab und gehen schließlich weiter auf „Leckerfeld“, bis wir uns „Auf der Laak“ nach links wenden. Auf dem Deich wandern wir nun nach rechts und verlassen die kleine Straße in der Rechtskurve geradeaus auf

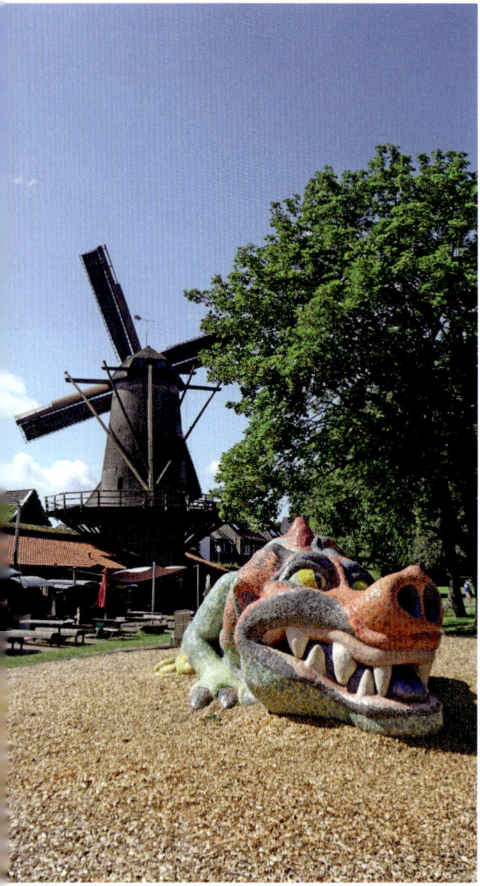

dem Fuß- und Radweg. Er führt uns wieder zurück zum Fähranleger.

Wer zur Bislicher Insel möchte, wendet sich auf der anderen Rheinseite nach links und folgt den Schildern auf die Landzunge. Leider führt nur ein Weg hin und zurück.

Zurück an der Fähre biegen wir nun wieder stadtwärts ab und nehmen am Fahrradwege-Knotenpunkt 26 den Weg nach rechts hinab auf die schmale Straße. „Am Beekschen Feld" folgen wir der Beschilderung des Radwegs nach links und am Ende der Straße wenden wir uns rechts und erreichen eine große Kreuzung. Schräg gegenüber wandern wir entlang der Stadtmauer zum Römermuseum zurück.

Als würde der Drache die Mühle bewachen ...

Info

Fähre

Die Fähre zwischen Xanten und Bislich fährt nur in der hellen Jahreszeit von Anfang April bis Ende Oktober. Fährtage sind Mittwoch, Freitag, Samstag und Sonntag sowie Feiertage. In den Sommerferien kommt der Donnerstag hinzu.

Informationen unter Tel. 02859/9390360 oder an Fährtagen auch Tel. 01590/3555648, www.bislich.de/content/personenfaehre-keer-troech-ii

Am Weg

Bislicher Insel

Die Landschaft der Rheinauen hört nicht auf, sich zu verändern und bietet so zahlreichen Tieren und Pflanzen Lebensraum.

Vom „Artenschutzturm“, auf dem Fledermäuse leben, Vögel und Insekten nisten, können sich Besucherinnen und Besucher einen Überblick von oben verschaffen. Der Schlüssel kann gegen Pfand im Besucherzentrum ausgeliehen werden.

Naturforum Bislicher Insel: RVR-Besucherzentrum, Bislicher Insel 11, 46509 Xanten, Tel. 02801/988230, www.rvr.ruhr/themen/oekologie-umwelt/startseite-bislicher-insel

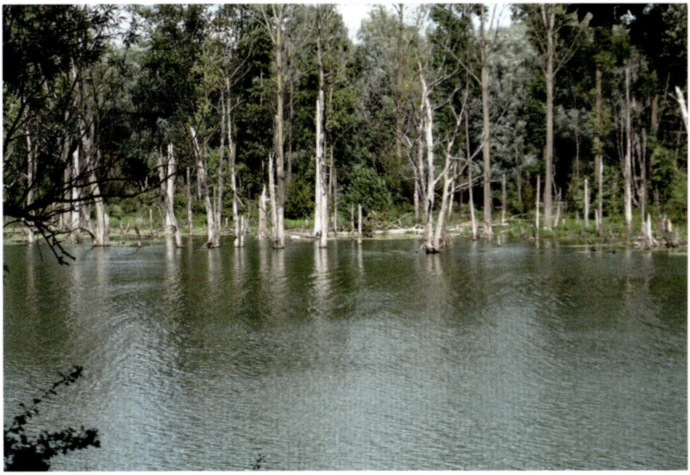

Gastronomie

Bislicher Fährimbiss, in der warmen Jahreshälfte geöffnet von Freitag bis Sonntag von 10 bis 18 Uhr, abhängig vom Wetter und von Fährzeiten.

Fährhaus Bislich, Marwick 26, 46487 Wesel, Tel. 02859/9010276, www.faehrhausbislich.de

Zur Rheinfähre, Bislicher Insel 1, 46509 Xanten, Tel. 02801/1334, www.rheinfaehre-xanten.de

Die etwas andere Siegfriedsage: Der Drachenkampf

Da wir Drachen, Zwerge und Elfen sehr lieben und uns nicht vorstellen wollten, dass einer von ihnen getötet wird, erzählen wir euch die Sage von Siegried dem Drachentöter in abgeänderter Form: Eine die – wie wir finden – besser in unsere Zeit passt und die uns Drachen als Freunde vorstellt und nicht als Gegner. Wer es von euch jedoch lieber gruselig und blutrünstig mag, der möge sich bitte an die alten Sagen halten. Bei uns war das damals so:

Es war einmal zu Xanten ein junger Fürstensohn: Siegfried war sein Name. Die Mutter Sieglinde, der Vater Siegesmund brachten ihn in diese Welt, und er war dazu geboren, viele Abenteuer zu erleben. Sigfried zog aus, um sich nach einer Frau umzusehen. Um sich derer würdig zu erweisen, sollte er mit einem Drachen kämpfen. Das war früher so üblich: Der Mann musste stark sein – ein Held –, um der Frau, die ihrerseits schwach sein sollte, zu beweisen, was für ein toller Kerl er war. Heute ist das anders, oder?
Also zog Siegfried von Xanten hinaus in die Welt, um nach ihr zu suchen. Weit ist er nicht gekommen, denn was ein echter Rheinländer ist, der bleibt seinem Fluss treu. Und so kam der gar nicht ganz so mutige Siegfried nicht weiter als ins Siebengebirge bei Bonn. Damals gab es dort Drachen, genau sieben Stück, für jeden Berg einen. Den nettesten von ihnen suchte sich Siegfried aus, denn Kämpfen mochte er nicht so gerne: Lieber sang er und schrieb und malte was ihm gefiel auf ein Stück Papier. Doch das war zu dieser Zeit nicht schicklich für einen tapferen Ritter und deshalb tat er so, als ob er mit dem gruseligsten Drachen kämpfen wollte und suchte aber nach dem, der ihm am sympathischsten schien.

Schon bald kam er in die Nähe der Löwenburg, und da war ein Drache beheimatet, der genau wie er lieber redete als kämpfte. Siegfried stapfte zu ihm in die Höhle und die beiden hielten ein lustiges Schwätzchen. Er überredete ihn mit nach Xanten zu kommen und sich auf einer der ruhigen Inseln am Rhein niederzulassen. Der Drache ließ sich das nicht zweimal sagen: Er wollte schon lange umziehen und so flog er mit dem stolzen Siegfried auf seinem Rücken vom Siebengebirge flussaufwärts nach Xanten. Dort angekommen staunte der Drache nicht schlecht: ein Tempel, eine Arena, ein Badehaus, Fußbodenheizungen, Schiffbau, luxuriöse Häuser. Dies alles hatten die Römer in die Stadt am Rhein nahe der niederländischen Grenze gebracht.

Angetan von dem, was er gesehen hatte, machte es sich der Drache auf den Bislicher Inseln gemütlich und war dem jungen Siegfried dankbar für die neue Heimat.

Schon lange hatte er sich nach Ruhe gesehnt – dem Kämpfen und Feuerspucken konnte er nicht viel abgewinnen. Endlich konnte er sich alleinig dem Studium der Vogelkunde widmen: Das war sein Steckenpferd. Manchmal, wenn er sehr aufgeregt war ob eines neuen Vögelchens, konnte es passieren, dass er einen kleinen Flügel versengte mit seinem überschwänglichen Feuerstrahl, der dann aus seinem Maul schoss. Meist überlebten aber die Vögel seine freudigen Ausbrüche, und so war das Leben auf den Bislicher Inseln ruhig und entspannt.

Nun war es an der Zeit, dass sich Siegfried endlich auf den Weg machen musste, um eine Braut zu werben. Dafür brauchte er aber Drachenblut. Denn Drachenblut machte unverwundbar und erst, wenn alle denken würden, er hätte einen Drachen besiegt, würden sie ihn als wahren Helden anerkennen.

So ersannen er und sein Drachenfreund eine List: „Willst du mit mir kämpfen, damit ich in deinem Blut baden kann?“ fragte Siegfried. „Manchmal ist er nicht der Schlaueste“, dachte der Drache und antwortete: „Aber dafür müsste ich verwundet werden und vielleicht sterben. Das wollen wir doch nicht, oder?“ Siegfried grummelte: „Nein, natürlich nicht.“ Ihm fiel aber keine bessere Lösung ein. Kriemhild, seine Zukünftige, durfte nicht erfahren, dass er nicht so schlau und auch nicht so tapfer war, wie man ihn bei ihr angepriesen hatte. „Aber was machen wir denn nun?“, stieß er verzweifelt hervor. „Null Problemo“, sagte der Drache: „Ich habe eine Drachenfreundin, die hat an jedem Vollmond ihre Monatsblutung und da holen wir uns das Drachenblut. Dann muss niemand verletzt werden.“ Siegfried zuckte zusammen: „WAS? Das ist ja eklig!“ rief er aufgebrachte. „Aber ziemlich schlau“, feixte der Drache.
So geschah es dann auch: Kein Drache musste sterben und auch kein Mensch kam zu Schaden. Die Drachenfreundin kam zu Besuch, füllte eine Badewanne voll mit ihrem Blut und der angewiderte Siegfried legte sich hinein. Was die beiden allerdings erst jetzt erfuhren: Die Drachendame hatte eine Bedingung: „Mein Blut schützt dich überall, Siegfried. Nur nicht an der Stelle oberhalb deiner linken Schulter. Diese bleibt deine verwundbare Stelle. So ist es, dagegen kann ich nichts machen.“ Mit diesen Worten hinterließ sie eine schmale Feuerspur und erhob sich in die Lüfte. Die beiden konnten ihr nur dümmlich hinterherschauen. „Das macht nichts“, wandte der Drache ein: „Du darfst das nur niemandem sagen, dann kann dir nichts passieren.“
So zog Siegfried an den Hof seiner Verlobten nach Worms, erzählte die geschönte Geschichte vom Kampf gegen den Drachen und dem anschließenden Blutbad. Und beim nächsten Ritterduell konnte er beweisen, dass er mittlerweile unverwundbar war. So wurde Kriemhild seine Frau, sie waren überglücklich, und sie war die Einzige, die von seiner schwachen Stelle oberhalb der Schulter wusste. Das beunruhigte sie,

denn sie liebte ihren Siegfried mit ganzem Herzen – so wie er war. Sie wusste, dass er lieber malte und sang, als zu kämpfen. Aber er war nun mal ein Ritter und er musste sich den Herausforderungen stellen.
Was Kriemhild nicht wusste war, dass Siegfried schon lange einen Rivalen hatte: Hagen. Er fand den künstlerischen und sensiblen Siegfried ziemlich lahm und neidete ihm alles – auch seine tiefe Liebe zu Kriemhild. Er provozierte den friedfertigen Siegfried so lange, bis es zum langersehnten Kampf kam. Hagen hatte es durch eine List geschafft, Kriemhild auszuspionieren und das Geheimnis der linken Schulter zu erfahren.
Endlich in der Arena wollte er diesen Vorteil nutzen, wartete nicht lange und rief: „Ich kenne dein Geheimnis. Ich weiß, wo du verwundbar bist! Du wirst diesen Kampf nicht überleben und ich nehme dann Kriemhild zu meiner Frau!" Flink wechselte Hagen die Seite, umrundete Siegfried, der wieder einmal nicht der Schnellste war und wollte gerade zustechen, als aus der Luft ein Feuerstrahl schoss. Dieser entriss dem bösen Ritter sein Schwert und warf ihn zu Boden. Leicht versengt und dampfend lag Hagen japsend am Boden. Siegfried hielt sein Schwert auf seine Brust: „Ich will mal nicht so sein, du darfst weiterleben. Aber ich möchte von heute an nie wieder etwas von dir hören und sehen!"
Am Himmel sah Siegfried noch die rosafarbene Schwanzspitze der Drachendame verschwinden. Sie hatte ihn gerettet. Er sah hinüber zur Tribüne, wo Kriemhild mit ihren Hofdamen stand und mit einem roten Tuch der Drachendame hinterher winkte. „So war das also, die Frauen steckten unter einer Decke. Aber mir soll das recht sein", dachte Siegfried und winkte seiner Frau zu. Und so lebten er und Kriemhild glücklich und gesund – in Xanten – bis zur letzten Stund'.
Und wenn ihr nach Xanten kommt, dann begegnet ihr auch heute noch einem Drachen. Passt auf, entlang des Wanderwegs wartet er auf euch. Könnte das einer der Drachen aus unserer Sage sein?

Tour 7

- Startpunkt
- Zwischenziele
- Parkplatz
- Haltestelle
- Zielpunkt
- Gastronomie
- Sehenswürdigkeit
- Kulturstätte
- Aussichtspunkt
- Fähre

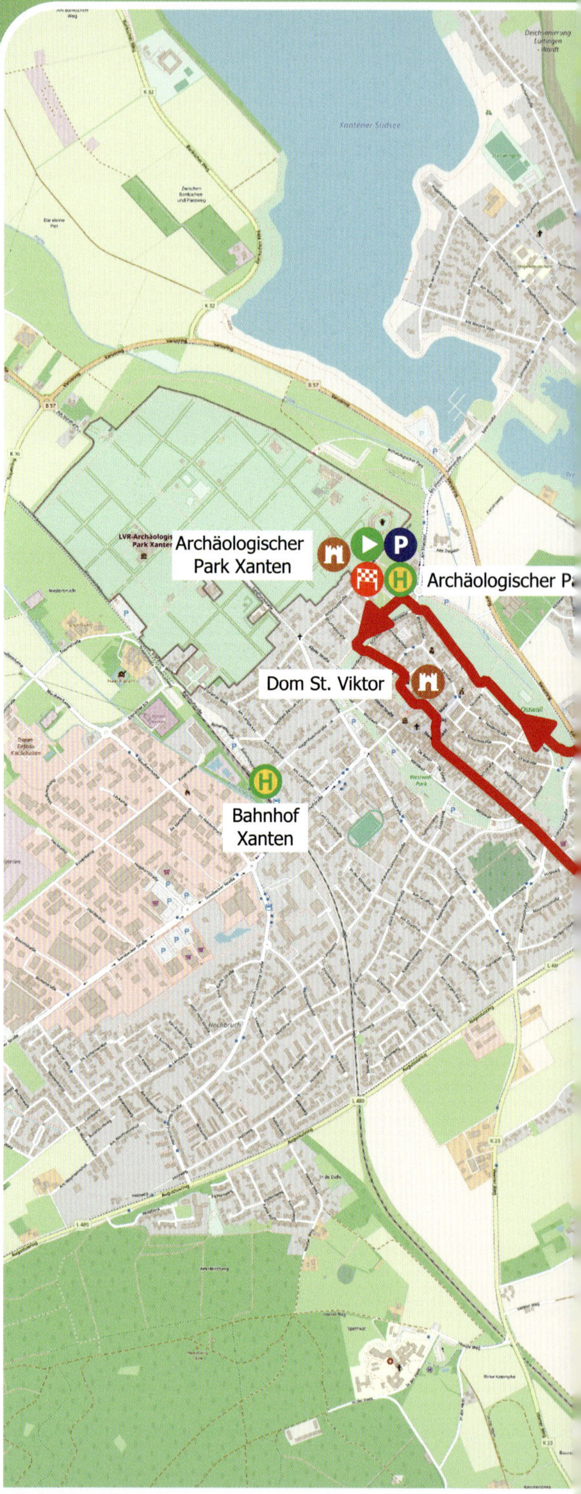

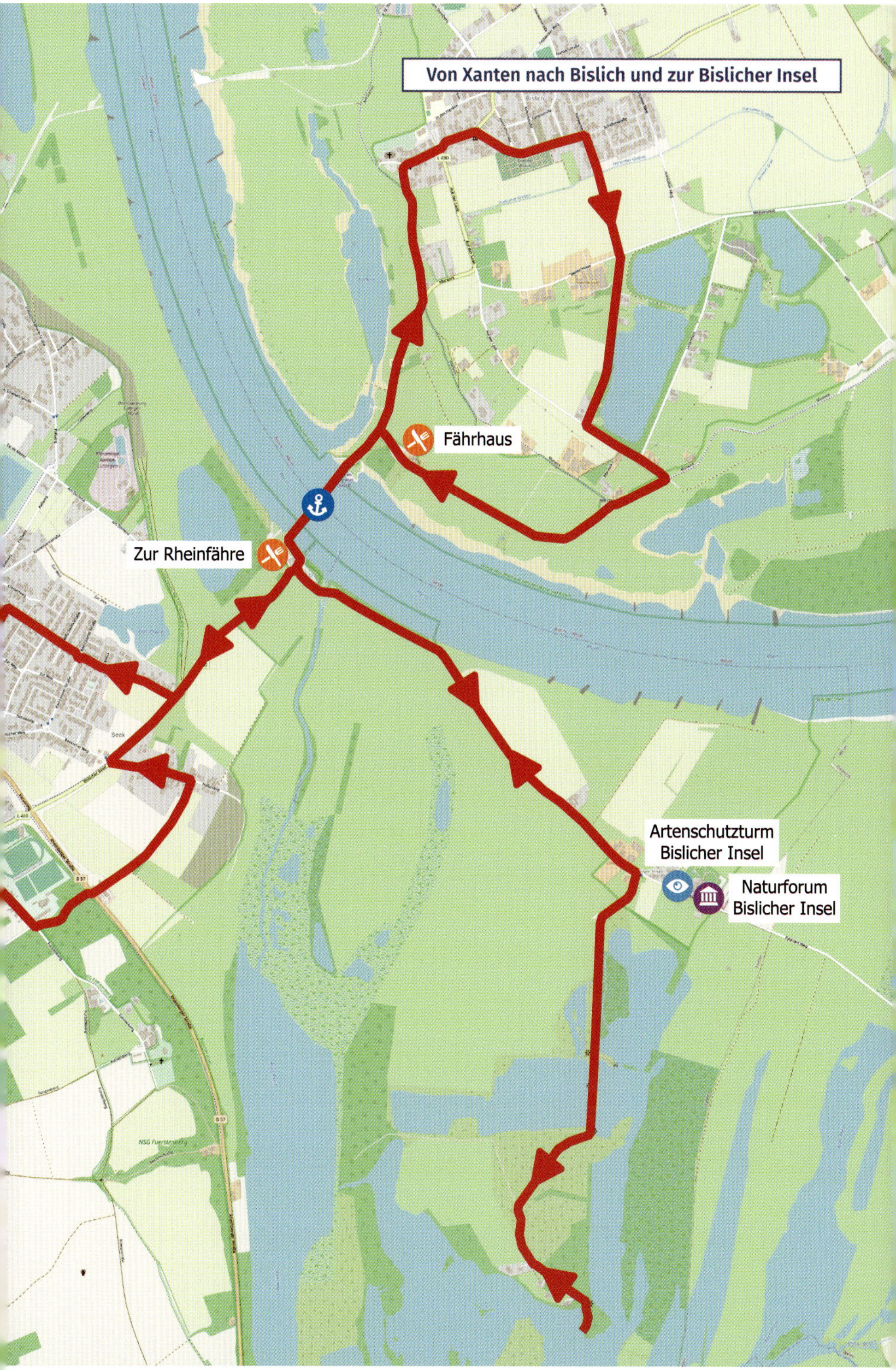
Von Xanten nach Bislich und zur Bislicher Insel
Fährhaus
Zur Rheinfähre
Artenschutzturm Bislicher Insel
Naturforum Bislicher Insel

Grenzerfahrung

Durch die Maasduinen von Walbeck nach Arcen

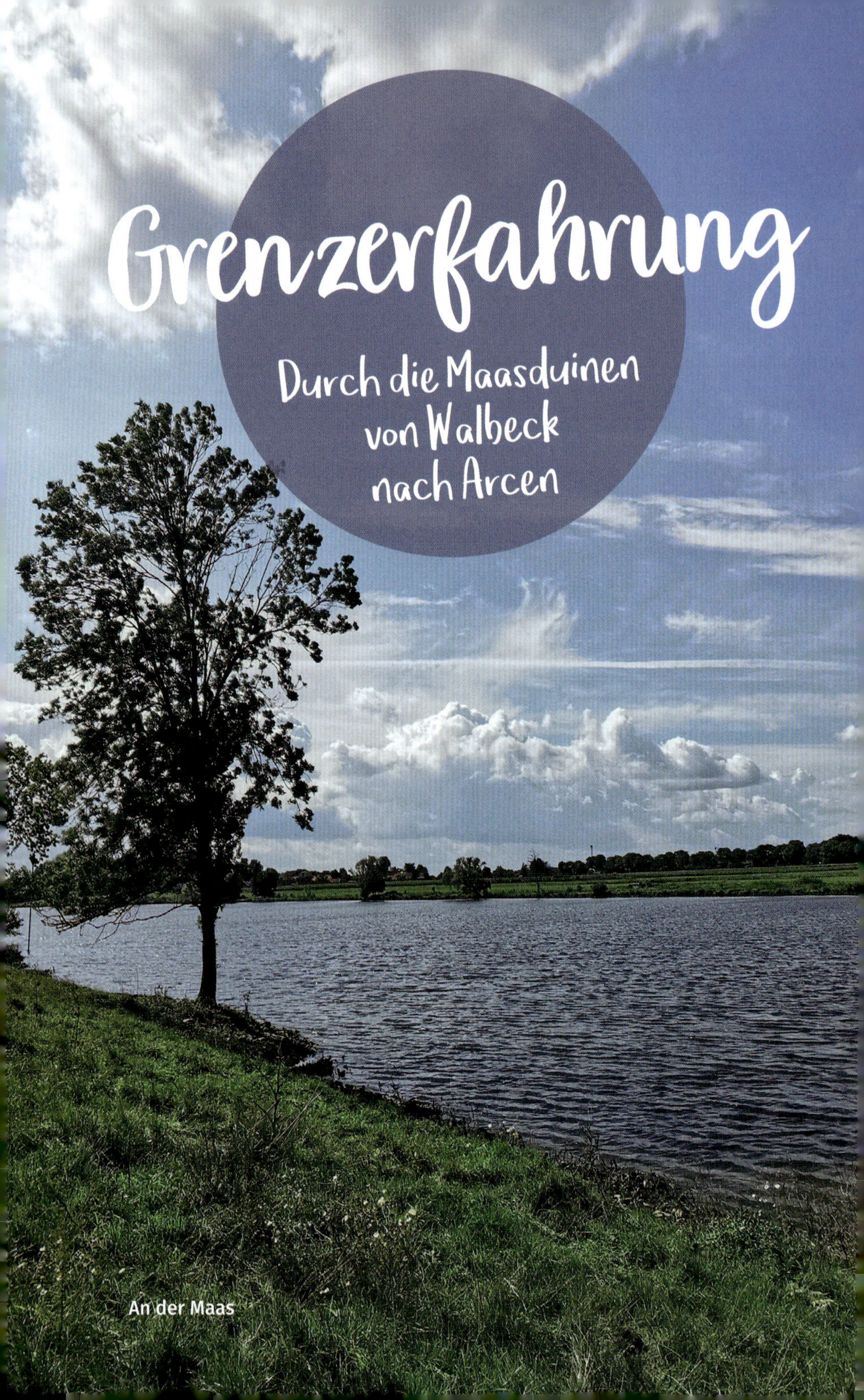

An der Maas

Die perfekte Wanderung für alle, die die Niederlande lieben und einfach nur kurz die Gastfreundschaft unserer Nachbarn erleben wollen! Schon die Landschaft der Maasduinen erinnert an die Dünen am Meer, die Maas strebt ihm entgegen, und das kleine Städtchen Arcen mit seinem Schloss und dem berühmten Schlossgarten kann viele Geschichten erzählen. Kurzurlaub auf der Grenze, die Niederlande liegen so nah!

Tour 8

3:45 Std. | 14,8 km | 18 m

Start/Ziel: Waldfreibad Walbeck, Am Freibad 24, 47608 Geldern-Walbeck
Wegbeschaffenheit: überwiegend Wald- und Feldwege, durch die Feriensiedlung und im städtischen Bereich Asphalt
Parken: am Waldfreibad
Anreise mit ÖPNV: Bushaltestelle Geldern-Waldfriedhof (wird auch außerhalb der Badesaison angefahren)

Wegbeschreibung: Wir starten am Waldfreibad Walbeck. Auf dem Jakobspilgerweg wandern wir entlang des „Bergstegs" in Richtung Twisteden. Über eine breite Kreuzung hinweg erreichen wir am „Grensweg" niederländisches Gebiet und gehen geradeaus auf den „Rode Dijk".
Dort, wo ein großer See links nah an den breiten Weg heranreicht, führt nach rechts ein Holztor in den geschützten Bereich. Dem gelben Pfeil auf rotem Grund folgen wir in der Rechtskurve und dann am breiten Querweg nach links. Wo der Pfeil bei nächster Gelegenheit nach rechts weist, halten wir uns links und gelangen an eine Straße.
Hier gehen wir geradeaus in „Scheidsgraafsingel" und durch den Villen-Park. Schräg rechts führt ein Fußgängerweg auf eine nächste Straße, der wir nach links folgen.

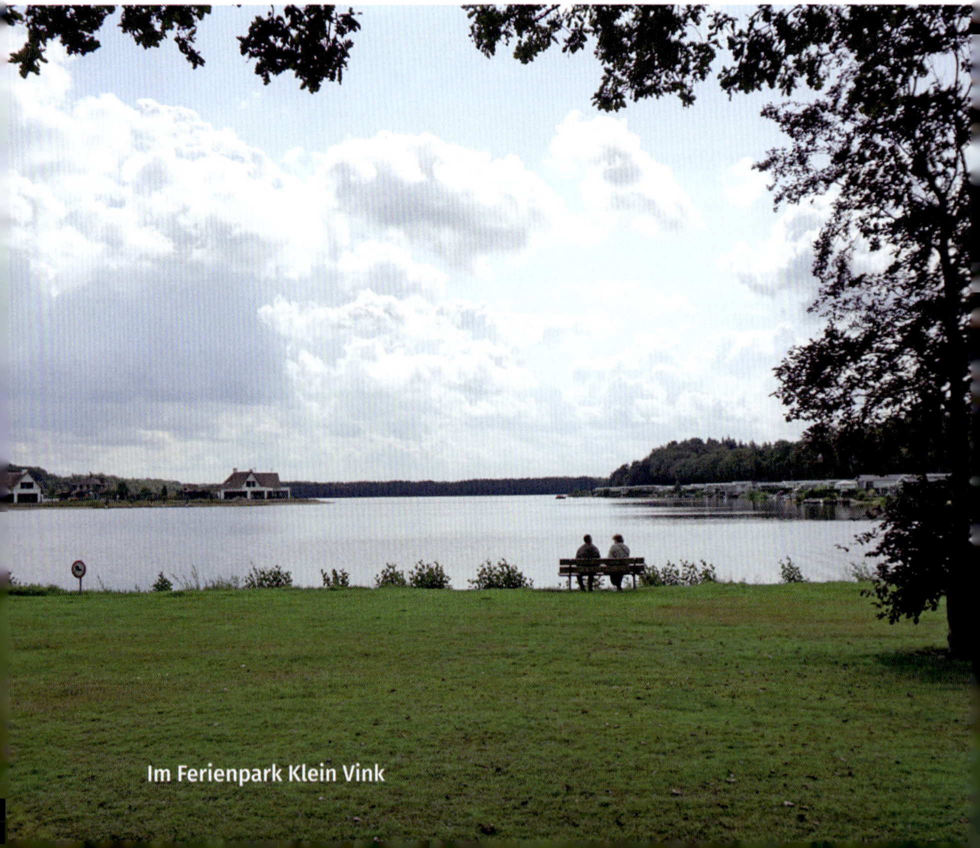

Im Ferienpark Klein Vink

Info

Nationalpark De Maasduinen

Begrenzt durch die Maas im Westen und die deutsch-niederländische Grenze im Osten erstreckt sich der Nationalpark über etwa 20 Kilometer Länge und drei Kilometer Breite zwischen den Städten Nimwegen und Venlo. Er ist der längste Flussdünengürtel der Niederlande. Durchzogen ist der sandige Boden von Heiden, Mooren, kleinen Seen und Wäldern. Zahlreiche Tiere und Pflanzen leben hier, nur Fische kommen in den nährstoffarmen Gewässern nicht so häufig vor.

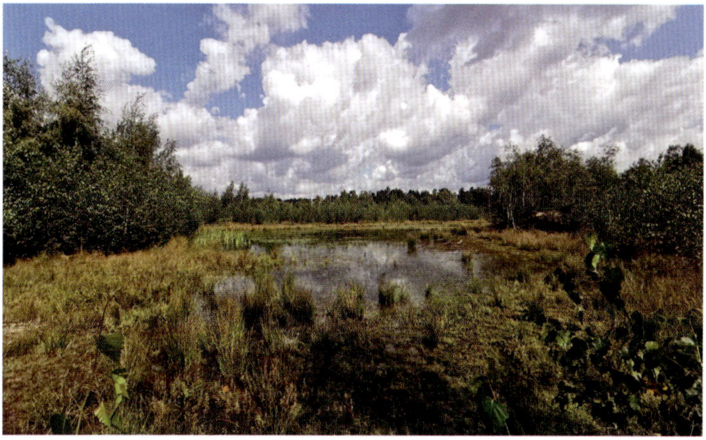

Gleich hinter dem Ausgang des Ferienareals wenden wir uns nach links und nehmen dann die erste Abzweigung nach rechts. Achtung: Es handelt sich um einen unscheinbaren Pfad, der vor zwei Straßenschildern und einem Transformatorkasten abzweigt.
Vor der eingezäunten Villa biegen wir links ab. Bald stehen wir an einem Kreisverkehr, den wir rechts herum überqueren, um gleich dahinter rechts auf den Wander- und Radweg abzubiegen. Den Radweg verlassen wir schließlich geradeaus und erreichen die Maas. Am Ufer wenden wir uns nach links, gehen am Fähranleger von Broekhuizen vorbei und geradeaus auf dem Wanderweg nach Arcen. Im

Ort bleiben wir entweder so nah wie möglich am Wasser oder gehen durch das nette Städtchen.
Dort, wo die Maaspromenade endet, gehen wir zur Straße hinauf und davor rechts. Noch vor der Infotafel lässt uns ein Tor durch den Zaun auf den Maas-Niederrheinpad, der uns über den Deich zum Schloss leitet. Um dorthin zu gelangen, wenden wir uns an der Straße nach links und dann gleich rechts.
Am Schlosstor vorbei erreichen wir einen Kreisverkehr. Auch diesen überqueren wir rechtsherum. Kurz bevor die Straße Richtung Geldern abzweigt, führt hinter einer eisernen Schranke ein Waldpfad weiter. Auf der Schranke steht „Stichting het Limburgs Landschap", und der Pfad ist markiert mit der 67 und einem M. Am Querweg

Am Weg

Arcen

Arcen und sein Schloss aus dem 17. Jahrhundert sind besonders bekannt wegen seiner Schlossgärten, die ein weit und breit beliebtes Ausflugsziel sind. Verschiedene Themengärten aus aller Welt, Teiche und Wasserfälle und der berühmte Rhododendronpark locken Gäste von weither.
Der direkt an der Maas liegende Ort Arcen ist ebenfalls einen Besuch wert. Kleine Cafés und Bistros laden an die Flusspromenade oder auf den gastlichen Marktplatz.

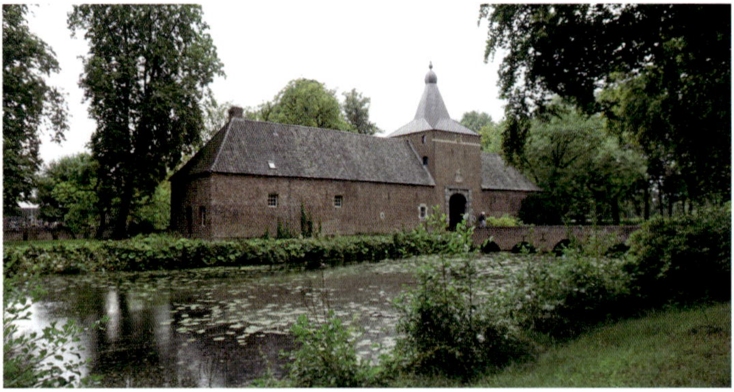

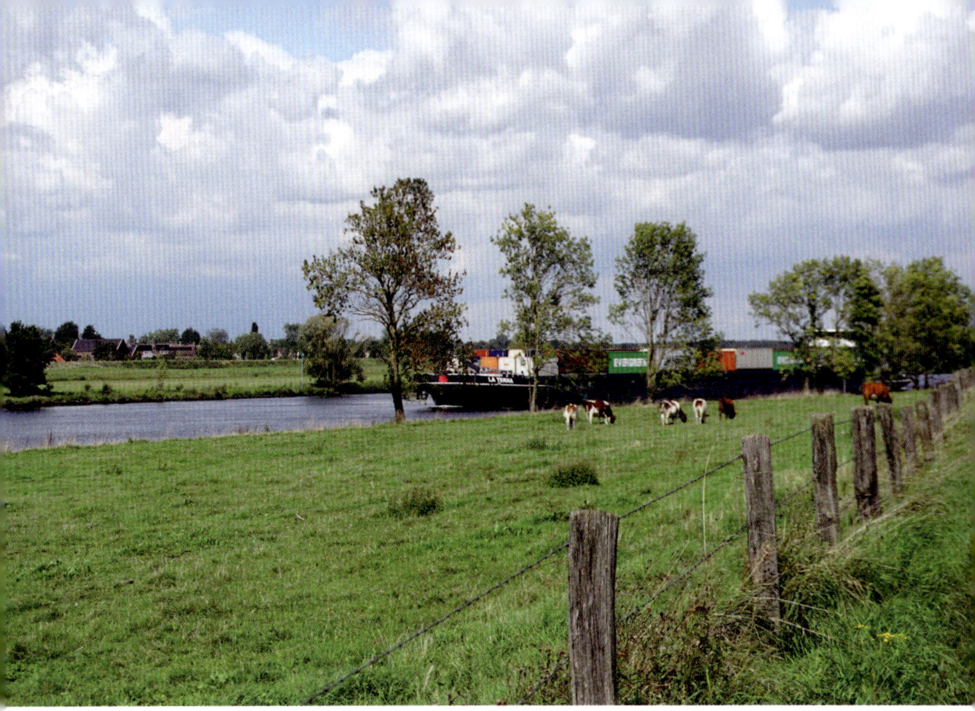

Der Fluss: Idyll und Transportweg in einem

links abgebogen, gehen wir an einer weißen Schranke vorbei zu einer großen Kreuzung. Dort nehmen wir den zweiten Weg von links. Bei nächster Gelegenheit biegen wir nach links ein und gehen jenseits der Straße geradeaus und erst an der T-Kreuzung rechts. Hinter dem Wassergraben wenden wir uns zunächst an der Gabelung nach links und an der nächsten Gabelung nach rechts. Zwischen Feldern gelangen wir an eine Straße, hinter der wir geradeaus auf dem Walbeckerweg weiterwandern.

Wo der breite Weg nach rechts abknickt, halten wir auf dem Pfad die Richtung bei, bevor wir vor der umzäunten Gärtnerei links abbiegen und genau auf der Grenze immer geradeaus wandern, bis wir vor einem Grundstück links und vor den nächsten Zäunen rechts abbiegen. Auf dem „Grensweg" gelangen wir wieder an den „Rode Dijk", biegen rechts ab und gehen zurück zum Freibad.

Gastronomie

De Kloosterhoeve, am Ausgang des Ferienparks „Klein Vink",
Klein Vink 4, 5944 EX Arcen, Niederlande, Tel. 0031773556530

Als die Knoblauchkröte auf den Kranich traf

In den Maasduinen gibt es vor allem zwei Dinge: Wasser und Sand. Und beide sind für die Tiere unserer Geschichte wichtig. Das eine gräbt sich in die weiche Erde, um sich zu verbergen, das andere watet durchs Wasser und sucht nach Nahrung. Wie sie einander begegnen, das erzählen wir in diesem Märchen, das von Ehrlichkeit und Mitgefühl handelt. Und von der besonderen Begegnung eines Kranichs mit einer Knoblauchkröte.

Es war einmal eine Knoblauchkröte, die sich – wie alle Kröten ihrer Art – tagsüber in den weichen Sand eingrub. Dort verbrachte sie die Zeit bis zur Dämmerung, um dann aus ihrem Versteck zu kommen und sich fröhlich auf den Weg zu machen. Sie begegnete allen möglichen Tieren: Dem Fuchs zum Beispiel, der ihr seine lange Schnauze entgegenstreckte. Als sie ihren Knoblauchduft verströmte, rief er fröhlich: „Das ist so lustig. Ich liebe diesen Geruch, auch wenn du ihn verströmst, um mich abzuschrecken!" Und ein bisschen ernsthafter fügte er hinzu: „Aber ich würde dich nie fressen wollen." Die Kröte lachte und verabschiedete sich: „Ich wünsche dir einen schönen Abend und bin froh, dass du lieber Mäuse, als Kröten magst", rief sie.
Sie kam an einen der kleinen Seen. Dort, wo sie lebte, gab es hauptsächlich Wasser und Sand, und das vermittelte ihr eine Ahnung davon, wie es am Meer sein würde. Schon oft hatte sie die Kraniche, die jedes Jahr wieder in den Süden zogen, darüber reden hören: Der Ozean musste wundervoll sein. Die Vorstellung, dass sich die Wasserflächen bis an den Horizont zogen, machte der Kröte eine Gänsehaut. Dann kamen ihre Warzen und Pickel noch mehr zur Geltung.
Wenn die Sonne begann, sich hinter den Dünen zurückzuziehen, dann wurde sie traurig und fühlte sich einsam. Es war die Zeit des Tages, an der die Kröte ein bisschen melancholisch wurde. Wie gern hätte sie

eine andere Kröte an ihrer Seite gehabt, um all die schönen und nicht so schönen Dinge des Lebens zu teilen! Doch wenn der letzte glänzende Streifen am Horizont verschwand, dann war auch die Einsamkeit der Kröte verschwunden. Sie wollte sich nicht erlauben, zu traurig zu sein. Stattdessen zog sie weiter und konzentrierte sich auf alles, was um sie herum war, sie ablenkte und auf freudigere Gedanken brachte.
„Was machst du noch hier?", rief sie der Libelle zu: „Solltest du nicht schon lange in deinem Zuhause sein?" Ohne eine Antwort schwirrte die Schöne mit ihren blauen Flügeln schnell davon.
Eine Fledermaus zischte durch die Lüfte. Die Kröte sah nach oben und bewunderte wie immer die anmutigen und zielsicheren Bewegungen der Himmelstiere. Es war für sie wie ein Wunder, wenn man Flügel hatte und überall hinfliegen konnte. Sie selbst war ein Tier der Erde – langsam, aber verlässlich: „Hallo Fledermaus", rief sie in den Himmel: „Ich bewundere deine Flugkünste und deine Schönheit. Danke, dass du da bist." Die Kröte schaute strahlend in den Himmel, doch die Fledermaus hatte in ihrer Hektik ihre wertschätzenden Worte gar nicht gehört. Während die Kröte weiterging, dachte sie wieder an die Kraniche und die Geräusche, die durch die Lüfte hallten, wenn sie sich gemeinsam am Himmel zeigten, um in den Süden zu fliegen.
Wie immer fühlte sie dabei ein Ziehen in ihrem Herzen. Und an diesem Abend erlaubte sie es sich, dass eine kleine Träne aus ihren katzenartig leuchtenden Augen auf den sandigen Boden tropfte: „Ich möchte mich in die Lüfte erheben und ans Meer fliegen", rief sie in den Himmel zu den Sternen. Doch nichts geschah. Es blieb ruhig. Was sollte auch geschehen, sie war eine Kröte und würde nie Fliegen können. Es war unmöglich.
Der Mond stand hell am Himmel. Es war eine dieser Nächte, in der alles silbern leuchtete und das wässrige Licht in die letzten Winkel kroch. Die

Kröte liebte den Mond mehr als die Sonne, die mit ihrer Hitze ihre Haut austrocknete. Die silberne Scheibe dagegen tauchte alles in ein Licht, das Wunder versprach.
Plötzlich sah sie eine Silhouette, die ihr wie immer einen Schauer über den Rücken laufen ließ: ein Kranich! Er stand im silbernen Wasser und hob anmutig den Kopf in den Himmel, so als ob er den Mond um Rat fragen würde. Auch wenn sie wusste, dass er ihr Feind war und sie Angst haben sollte, wollte sie dorthin: Er war eine Hoffnung, eine Inspiration. Bald schon würde er sich in die Lüfte erheben und in ein Land fliegen, das sich die Kröte nur in ihren kühnsten Träumen vorstellen konnte.
Sie bewegte sich in seine Richtung und versuchte leise und unsichtbar zu sein. „Ich habe dich schon lange gesehen“, sprach der Kranich mit tiefer Stimme: „Wenn ich gewollt hätte, dann hätte ich dich auch schon lange fressen können“, lachte er. Die Kröte schaute aus ihren Katzenaugen zu ihm hoch und ihr Blick war fragend – nicht ängstlich.
„Ich beobachte dich schon viele Monate. Du starrst bei Vollmond sehnsüchtig in den Himmel. Was suchst du dort?“ Der Kranich beugte seinen Kopf und den spitzen Schnabel in Richtung der Kröte. Sie wich vor ihm zurück. Konnte sie ihm trauen? Doch dann erwiderte sie: „Ich liebe den Mond, das Wasser und den Sand und würde so gern wie du ans Meer fliegen.“ Die Worte waren so schnell gesagt, dass sich die Kröte über sich selbst wunderte. Warum erzählte sie ihrem Feind ihre tiefsten Sehnsüchte?
Der Kranich legte seinen Kopf nach hinten und lachte schallend, dass sich auf dem Wasser kleine Kreis bildeten: „Du bist lustig. Hier hast du doch auch Sand und Wasser. Warum will eine wie du ans Meer?“
Das kränkte die Kröte. Durfte sie nicht auch Träume und Wünsche haben? Durfte sie nicht auch glücklich sein? Und so drehte sie sich um, wollte diesen Ort so schnell wie möglich verlassen. Den Weiher, die

stolzen Kraniche niemals wiedersehen. Sie wollte sich zurückziehen – für immer unter ihrem Sand verborgen bleiben. Was hatte sie sich nur dabei gedacht, gerade dem Kranich ihren tiefsten Wunsch anzuvertrauen.

Doch als sie zurückhüpfen wollte, wurde sie gepackt. Zwei spitze, kühle Enden umfassten ihren Körper und in ihrer Panik dachte sie: „Er wird mich fressen!“ Ängstlich schloss sie die Augen.

Doch der Kranich setzte sich die Kröte auf den Rücken: „Ich mag dich. Es ist verrückt und ich verstehe nicht warum, aber ich werde dich mitnehmen auf meine lange Reise.“ Die Kröte saß kurzatmig und aufgebracht zwischen den schützenden grauen Federn und konnte nicht fassen, was sie da hörte. Gerade hatte sie noch gedacht, dass ihr letzten Stündlein geschlagen hatte und jetzt sollte ihr größter Traum wahr werden: „Warum?“, war alles, was sie atemlos erwidern konnte.

„Weil ich dich schon lange beobachte und mich immer gefragt habe, was du dir vom Mond so sehnlichst wünscht. Jetzt weiß ich es und ich möchte dir diesen Herzenswunsch erfüllen.“ Damit breitete der Kranich seine Flügel aus, denn am Himmel erschallte schon das tiefe Schnarren seiner Freunde, die sich in einer v-förmigen Formation über den Himmel bewegten.

Es war ein unglaublicher Augenblick und die Kröte wusste: Jetzt geht mein größter Wunsch in Erfüllung! Sie setzte sich bequem zwischen die Federn ihres neuen Freundes und stieß ein lautes Juchzen aus, als sich der Kranich in die Lüfte erhob – um seinem Schwarm zu folgen und sich der Formation anzuschließen.

So flogen die beiden dorthin, wo das Wasser den Horizont küsst. Die Kröte konnte endlich das Meer sehen und glücklich sein. Und wenn sie nicht gestorben sind, dann ziehen die beiden ungleichen Freunde immer noch umher, um gemeinsam die Ozeane zu erkunden.

Tour
8

Startpunkt

Zwischenziele

Parkplatz

Haltestelle

Zielpunkt

Gastronomie

Sehenswürdigkeit

Fähre

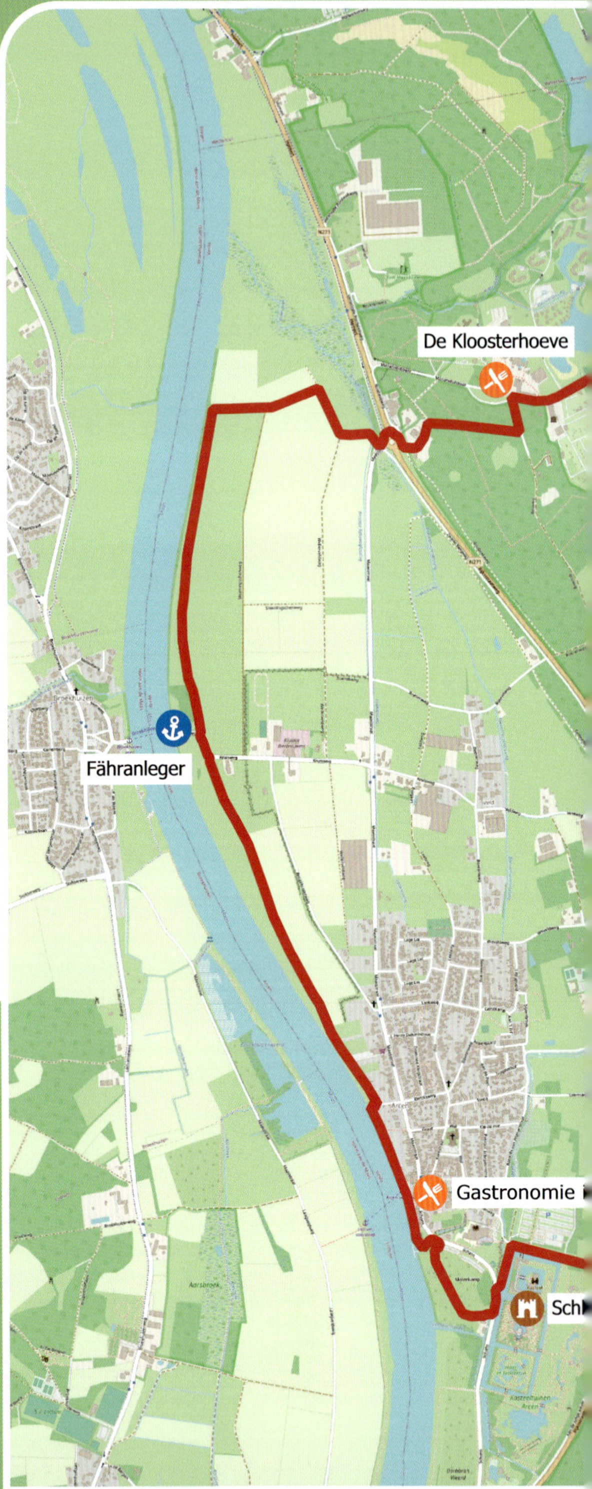

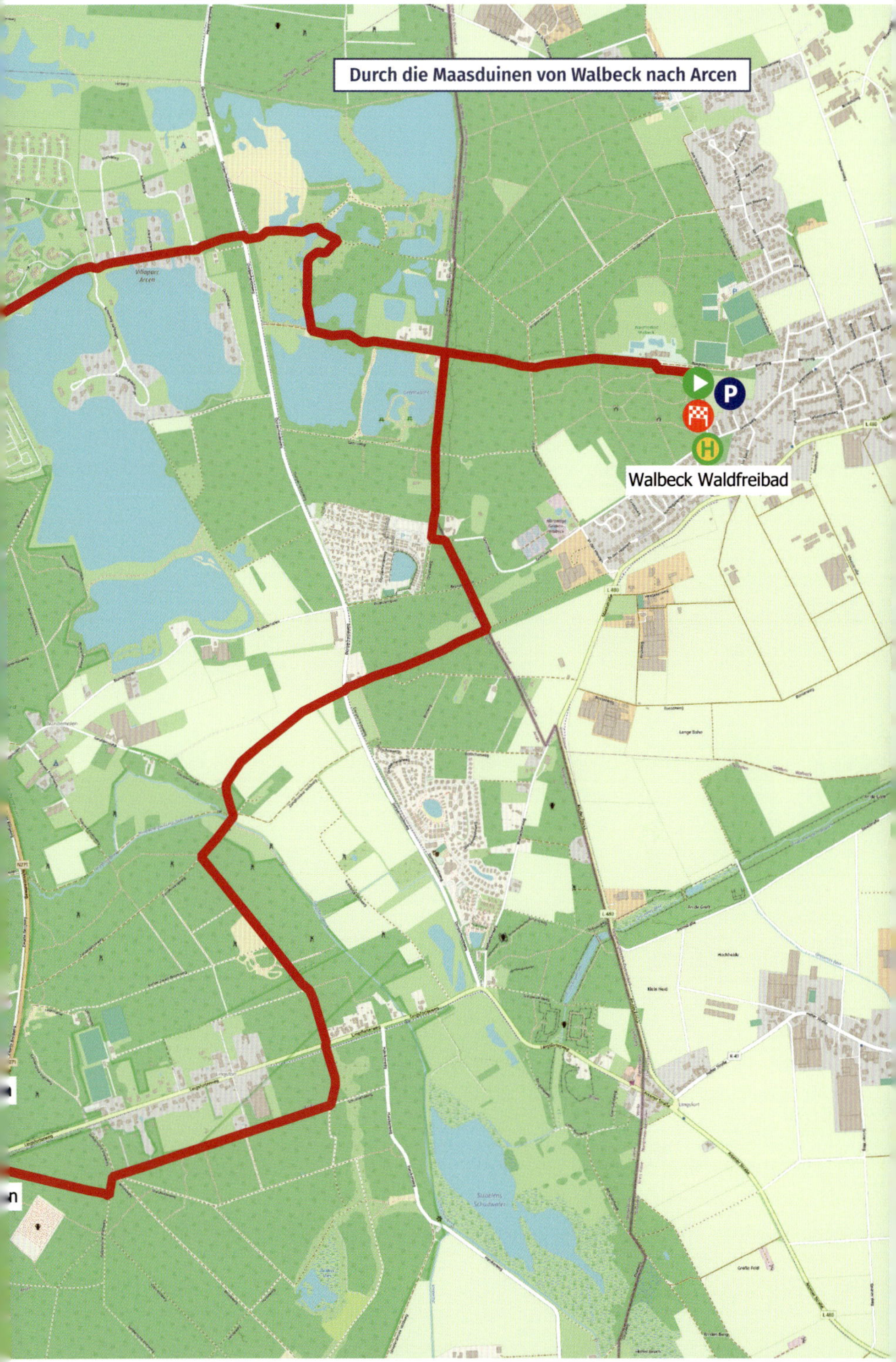
Durch die Maasduinen von Walbeck nach Arcen
Walbeck Waldfreibad

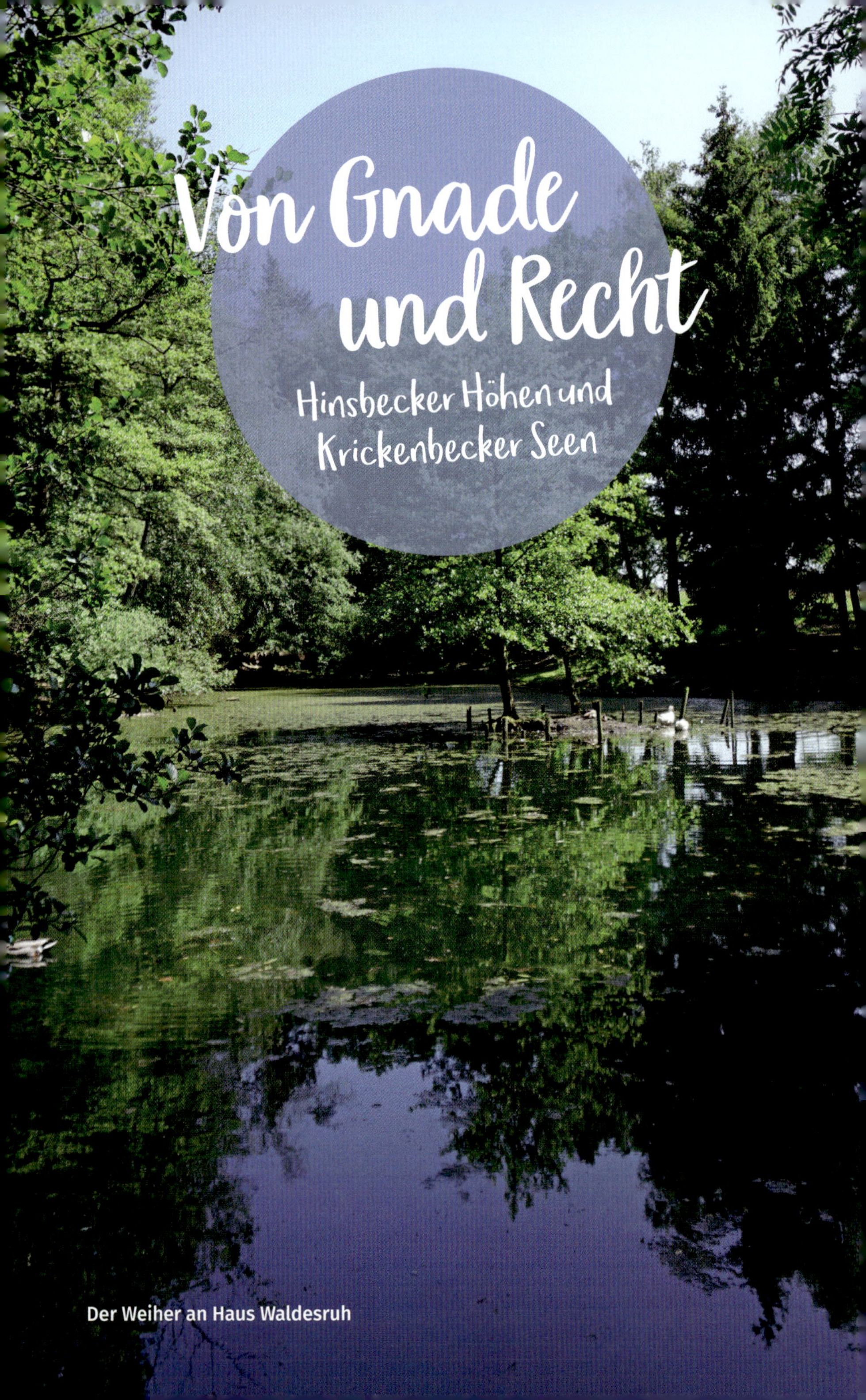

Der Weiher an Haus Waldesruh

Auf den bewaldeten Hinsbecker Höhen liegen Gnade und Recht nahe beieinander: Da ist einerseits die lebensstiftende Quelle am Amandusbrunnen – dem Volksmund nach sollen von hier sogar die kleinen Kinder gekommen sein –, aber andererseits auch der historische Ort der Gerichtsbarkeit und Strafvollstreckung „op de geer". Wie gut, dass uns der Aussichtsturm auf dem Taubenberg heute einen wohltuenden Überblick über die Welt erlaubt. Unter uns liegt die friedliche grün-blaue Landschaft der Krickenbecker Seen, die wir nach dem Abstieg weiter erkunden werden.

Tour 9

3:10 Std. | 12,5 km | 46 m

Start/Ziel: Jugendherberge Nettetal-Hinsbeck, Heide 1, 41334 Nettetal-Hinsbeck
Wegbeschaffenheit: Waldpfade, breite Wanderwege, Asphaltwege mit wenig oder keinem Verkehr
Parken: Wanderparkplatz, Heide 1, 41334 Nettetal-Hinsbeck
Anreise mit ÖPNV: Bushaltestellen Hückeswagen-Wupperbrücke oder Bahnhofstraße

Wegbeschreibung: Vom Wanderparkplatz gegenüber der Jugendherberge gehen wir links bis zur Weggabelung, für gut 50 Meter den Schildern in Richtung Gerichtsstätte und Aussichtsturm folgend. Dann wenden wir uns nach links und wandern in Richtung Amandusbrunnen. Dafür nehmen wir an der nächsten Gabelung den mittleren Weg, der mit X markiert ist. Von diesem Zeichen lassen wir uns nur wenige Meter weiter nach rechts leicht bergab leiten.

Im Tal angekommen weist uns ein Schild zum Amandusbrunnen im spitzen Winkel nach rechts. In einer Linkskurve wandern wir bergauf. Am Brunnen vorbei, der auch das „Hellige Pöttsche" genannt wird, geht es geradeaus und auf der Höhe bis zum Querweg, in den wir nach links abbiegen.

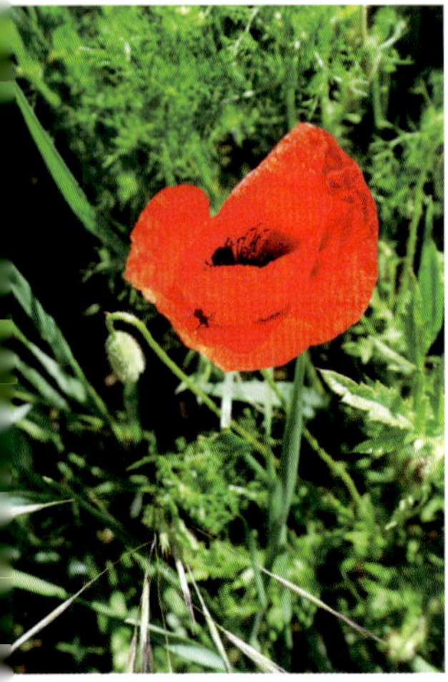

Der signalrote Klatschmohn läutet den Sommer ein.

Am Weg

Galgenberg

Hinsbeck besaß einst die Rolle des Obergerichts über das gesamte Amt Krickenbeck. Im Jahr 1673 verlor Hinsbeck diese Bedeutung, als die Gerichtsbarkeit auf die Familie von Schaesberg überging und von nun an in Schloss Krickenbeck abgehalten wurde. Seit 2002 sind die historischen Schauplätze auf den Hinsbecker Höhen wieder sichtbar gemacht: die Gerichtsstätte, der Galgenberg und die Jeestekul, das Geisterloch, wo die Bestraften verscharrt wurden.

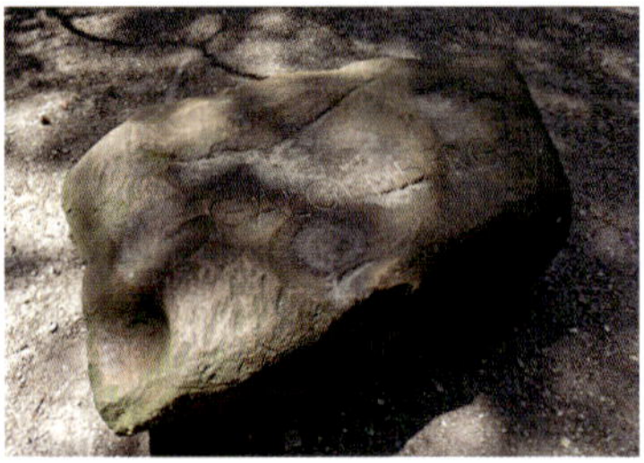

Am Weg

Hellige Pöttsche

Im Volksmund gibt es viele Namen für die historische Amandusquelle: helje Pütje Heiligenpüttje, Helligepöttge, Heilige Pütt, Hellige-Pöttche, Heeligepöttche oder Hilligenpöttche. Allein die Fülle an Namen zeigt, dass dieser Ort eine große Bedeutung für die Volksfrömmigkeit in der Region hatte. Es ist noch gar nicht lange her, dass Pilger auf ihrem Weg nach Kevelaer hier Halt machten und sich das als heilkräftig angesehene Wasser gegen Augenkrankheiten und Hautausschlag abfüllten. Wallfahrten zur Quelle sind auch von der Hinsbecker Pfarrkirche aus überliefert.

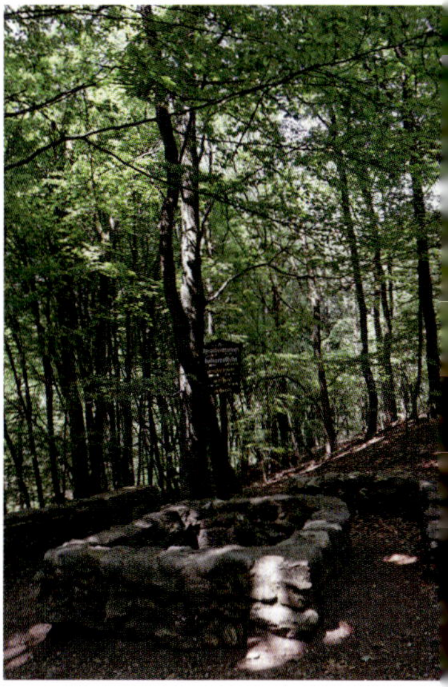

Wieso aber Amandusbrunnen? Die Legende berichtet davon, dass an dieser Stelle der heilige Amandus getauft hat. Niedergeschlagen hat sich diese Erzählung in der Bezeichnung des Tales, dessen Name Deppental als Tauftal übersetzt werden kann.

Die Quelle ist heute übrigens trockengefallen, kleine Quelltöpfe finden sich nun in der Nähe.

An der Kreuzung am Beginn des Naturschutzgebietes gehen wir links und dann an einem großen Stein auf dem Galgenberg scharf rechts. Der schmale Pfad führt uns oberhalb der Hangkante zurück auf den breiteren Querweg, in den wir nach links einschwenken. An der T-Kreuzung halten wir uns rechts, um gleich danach links in Richtung Aussichtsturm weiterzuwandern.

Unmittelbar vor dem Turm zweigt unsere Route dem X folgend nach rechts ab und führt über einen schmalen Pfad bergab. Unten wenden wir uns nach rechts und queren die Kreuzung. An der „Geestekuhl“ verlassen wir vorübergehend den X-Weg und bleiben im Tal. Wer möchte, kann hier rechts hinaufsteigen und in einem Linksbo-

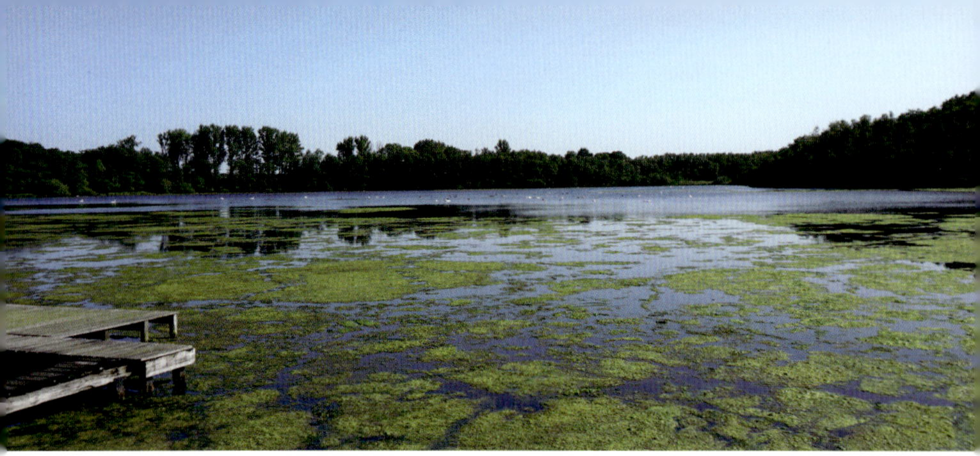

Malerisch liegt der Schroliksee.

gen einen Abstecher zum über uns befindlichen zweiten Galgenberg machen.

Am Fuß der Treppe wenden wir uns nach links, wer vom Galgenberg kommt geht geradeaus. Nun wandern wir bis zum Waldrand und biegen rechts in den Feldweg ein. Die kleine Straße leitet uns nach links, und hinter dem Restaurant und dem Weiher biegen wir rechts ab und halten an der Kreuzung die Richtung bei. Der gelb-orange markierte Waldweg wird auch als Radweg genutzt. Er führt an eine kleine Straße, vor der wir links abbiegen.

Hinter der Kovermühle wenden wir uns noch vor dem Bauernhof nach links. Geradeaus treten wir wieder in den Wald ein und halten uns an der Gabelung rechts.

Tipp

Aussichtsturm

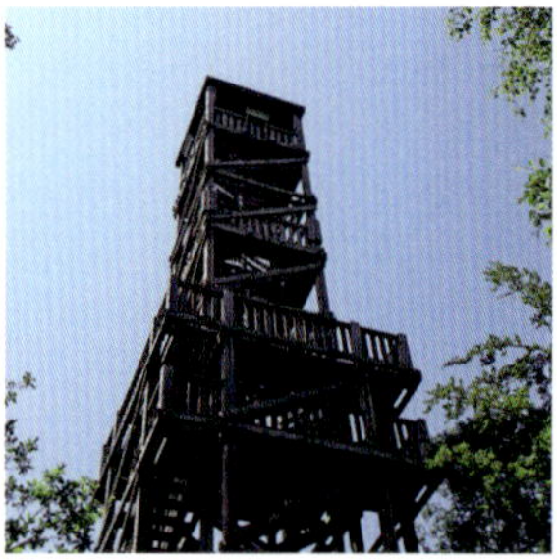

29 Meter über dem kleinen Bergrücken, der hier 81 Meter über dem Meeresspiegel liegt, bietet sich von der obersten Plattform des Taubenbergturms eine wunderbare Aussicht auf die Krickenbecker Seen, das Nettetal, über die Grenze in die Niederlande und bei klarer Sicht bis zum Ruhrgebiet.

Info

Schloss Krickenbeck

In der Mitte des 13. Jahrhunderts als Wasserburg errichtet erhielt Schloss Krickenbeck seinen heutigen Neorenaissance-Stil, nachdem es 1904 nach einem Brand renoviert wurde. Das Schloss war Zentrum des gleichnamigen Amtes, das im 14. Jahrhundert erstmals erwähnt wurde. Heute dient das Schloss als Tagungshotel.

Bald schwenken wir nach links ein in den Querweg, der mit X und A12 markiert ist, und wenden uns an der Gabelung hinter der Brücke nach rechts. Über einen Weg hinweg geht es geradeaus auf dem A5 und dem X1. Schräg gegenüber einer Bank wenden wir uns nach links in den Querweg, immer noch auf dem A5. Diesen verlassen wir in der kleinen Asphaltstraße nach rechts und wenden uns dann in Richtung Krickenbecker Seen nach links. Dem Parkplatz gegenüber gehen wir rechts und folgen diesem Weg bis zur nächsten Kreuzung. Dort biegen wir links ab, sodass wir rechts der Pferdekoppeln und dann entlang der kleinen Straße weiterwandern.
An der „Plankenheide" wenden wir uns auf der Schlossallee nach links in Richtung Infozentrum Krickenbecker Seen. Nach rechts zweigt nach etwa 200 Metern ein Pfad in den Wald ab, der mit X markiert ist. Diesem folgen wir am Querweg nach links bis zu einer Aussichtsplattform im See. Danach erreichen wir gegenüber dem Schloss den asphaltierten Rad- und Fußgängerweg, der uns bis zum Parkplatz am Infozentrum führt. Wir passieren ihn geradeaus und biegen links in „Hombergen" ab. Schilder in Richtung Jugendherberge weisen am Dorfrand zunächst nach links, dann nach rechts und bald wieder nach links zum Ziel.

Gastronomie

Forsthaus Hombergen, Krickenbecker Allee 7, 41334 Nettetal, Tel. 02153/13298, www.forsthaus-hombergen.de

Die Elfe, die sich verstellen musste, weil sie anders war

Auf unserer Wanderung kommen wir an einen magischen Wald. Die Knoten, die Verdickungen an den Stämmen, die spießförmigen Triebe, die in den Himmel wachsen: Alles erinnert an einen Hexenwald. Doch das hat nichts mit Märchen und Sagen zu tun, es gibt eine banale Erklärung für das Phänomen: Hier wurde einst Niederwaldbewirtschaftung betrieben. Die immer wieder gestutzten Bäume bilden durch den Nachtrieb kuriose Wuchsformen. Am Niederrhein wurden für diese Art der Waldbewirtschaftung meist Rotbuchen gepflanzt. Die Menschen erhielten so Feuerholz, Laubheu als Winterfutter für die Tiere oder Stiele für Werkzeuge. Uns fiel noch etwas auf: Ein Baum war sehr speziell, er hatte eine große Höhle in seinem Stamm und aus ihm hörte man eigenartige Geräusche – ein leises Lachen und Weinen. Was es damit auf sich hat, erzählen wir in unserer Geschichte.

Jeder denkt, dass Elfen ein eher sensibles Völklein wären, aber so ist es nicht – Elfen sind prinzipiell fröhlich, lustig und nicht besonders nachdenklich. Sie flirren durch die Luft, lassen sich vom Wind tragen und leben unbeschwert neben den Menschen. Doch da gab es eine Elfe, die war anders als die anderen. Sie konnte nicht so oft lachen, nicht so frei durch die Luft fliegen. Aber nicht etwa, weil es ihr selbst schlecht ging, sondern weil sie sah, dass es den Menschen oft nicht gut ging. Dass es ihnen an vielem fehlte, und vor allem, dass es so viel Gewalt, Streit und Hass gab.

So flog die Elfe immer wieder weg von ihrem Elfenvolk, um ihr Traurigsein zu verstecken, denn sie wusste nicht, was mit ihr passieren würde, wenn sie es auch den anderen zeigte. An diesem Tag kam sie auf ihrem Weg zu einem Wald, dessen Bäume fast verkrüppelt und eigenartig geformt waren. Dort traf sie auf einen Zwerg, der gerade dabei war, vor seiner Tür zu fegen. Zwerge waren ein fleißiges Volk, denn sie holten die Edelsteine aus dem Berg. Die meisten waren auf Grund der harten Arbeit auch mürrisch. Sie waren eben Erdwesen, die auch die Schwere der Erde in sich trugen. Aber nicht dieser, der war anders.

Er wohnte in der Nähe von Hinsbeck, dort hatte er alles, was er brauchte: die bunten Wiesen, die grünen Seen, Höhlen, um nach wertvollen Steinen zu graben, und diese besondere Rotbuche, die ihm ein Zuhause bot. Immer wieder kamen Kinder an seinem Baum vorbei, die riefen: „Schaut, ein Zwerglein, ein Zwergenhäuschen und eine Zwergentür!" Die Eltern sagten dann meist: „Ja, ja, so wie in deinem Märchenbuch." Die Kinder aber riefen: „Nein, nein, da! Siehst du nicht die rote Zipfelmütze?" Dann wurden sie von ihren Eltern weitergezogen. Doch der Zwerg wusste, dass die Kinder ihn gesehen hatten. Das machte ihn noch fröhlicher.

Als die Elfe nun an ihm vorbeiflog, rief er ihr ein gut gelauntes Hallo zu und da er gerne Gesellschaft hatte, fragte er: „Magst du dich kurz zu mir setzen?" Da sie gerade etwas Ablenkung gebrauchen konnte, ließ sie sich neben ihm auf der Bank nieder. Der Zwerg nickte fröhlich: „Wie geht es dir?" Lachend antwortete sie: „Es geht mir gut! Sehr gut sogar, ich bin doch eine Elfe, ich bin unbeschwert." Und der Zwerg fragte: „Ach, ist das so, dass ihr immer unbeschwert seid?" Die Elfe blickte ihn erstaunt an: „Ja, natürlich, wir sind doch vom Wind getragen und von den Lüften geküsst!" Der Zwerg blickte ihr in die Augen: „Bist du wirklich immer so glücklich, wie du sagst? In deinen Augen lese ich etwas anderes." Das hatte sie noch nie jemand gefragt. Denn Elfen dachten eigentlich nicht darüber nach, ob es ihnen gut oder schlecht ging, sie hatten einfach fröhlich zu sein, weil sie Elfen waren. Der Zwerg blickte ihr weiterhin verständnisvoll in die Augen und da wurde sie unter seinem Blick sehr traurig, so traurig, dass ihr zuerst eine und dann eine zweite Träne über die Wange kullerte.

Da er tatsächlich noch nie eine Elfe hatte weinen sehen, rief er: „Was macht dich denn so traurig, liebste Elfe?“, und sie antwortete leise: „Das Leid der Menschen macht mich traurig. Wenn ich sehen muss, wie es ihnen nicht gut geht. Das kann ich fast nicht ertragen. Und wir Elfen sind doch dazu bestimmt, die Menschen aufzumuntern.“ Sie senkte den Kopf und blickte zu Boden: „Ich muss mich immer verstellen, denn ich darf nicht zeigen, dass ich traurig bin. Denn wenn ich zeige, dass ich traurig bin, dann gehöre ich nicht mehr dazu und werde ausgeschlossen, denn wir Elfen sind doch unbeschwert und von der Brise geküsst.“

„Das tut mir leid für dich“, flüsterte der Zwerg und strich der Elfe zart über die Wange. „Zwerge sind meistens mürrisch, von der vielen Arbeit. Aber ich bin fast immer fröhlich. Ich weiß, wie es sich anfühlt, wenn man nicht so sein darf, wie man ist. Wenn man sich verstellen muss.“

Die Elfe blickte auf und sah dem Zwerg wieder in die Augen, sie konnte nicht glauben, dass sie jemand verstand. Sie hatte sich schon daran gewöhnt, komisch und unperfekt zu sein. „Möchtest du nicht hierbleiben, bei mir im Niederwald der Rotbuchen?“, rief der Zwerg fröhlich: „Hier ist es schön und magisch. Hier kannst du einfach sein, wer du bist!“

Die Elfe machte große Augen, als er fortfuhr: „Wenn du traurig bist, dann werde ich dich halten und begleiten und wenn du fröhlich bist, dann lachen wir gemeinsam. Und ab und an feiern wir ein Fest: Eins zum Lachen und eins zum Weinen.“ Er strahlte die Elfe aufmunternd an: „Bleib bei mir. Lass uns beste Freunde sein.“ Er zeigte stolz hinter sich auf seinen Baum: „Schau, in dieser besonderen Rotbuche wäre auch ein wunderbares Elfenhaus für dich. Da kannst du einziehen. Du kannst es dir schön machen. Und vor allem: Du darfst traurig sein. Es stört mich nicht.“

Die Elfe flatterte aufgeregt vor ihm in der Luft, sie konnte nicht glauben, was sie da hörte. Sie durfte so sein, wie sie war? Sie würde einen Freund haben, der sie so mochte – auch wenn sie nicht so unbeschwert und leicht war wie der Wind. Auch wenn sie traurig war, wegen dem vielen Leid der Menschen.

Der Zwerg wurde still und flüsterte: „Ich habe mein Zwergenvolk schon vor vielen Jahren verlassen, damit ich so sein kann, wie ich bin, ohne ausgespottet, ausgelacht oder ausgeschlossen zu werden." Er lachte laut und wirbelte herum: „Wir beide, wir würden gut zusammenpassen. Jeder von uns dürfte so sein, wie er oder sie ist!"

Das stellte sich die Elfe wunderbar vor: Sie könnte trotzdem weiterhin für die Menschen da sein, um sie aufzuheitern, vielleicht besser als zuvor – ohne noch weiter darüber nachzudenken, beschloss sie, das Angebot des Zwerges anzunehmen und in seinem Baum einzuziehen. Einige Stockwerke höher. Er wohnte im Keller und Erdgeschoss, sie sollte ganz oben in den Zweigen wohnen.

Menschen, die noch an Zwerge und Elfen glauben, vor allem Kinder werden die beiden immer noch sehen können. Und wer genau hinhört, kann sie lachen und genauso oft weinen hören. Lasst euch Zeit im Niederwald bei Hinsbeck und sucht den Baum der beiden magischen Wesen, die sich so mögen, wie sie eben sind – und deshalb beste Freunde wurden.

Tour 9

Startpunkt

Zwischenziele

Parkplatz

Zielpunkt

Gastronomie

Sehenswürdigkeit

Aussichtspunkt

Kulturstätte

Familienfreundlich

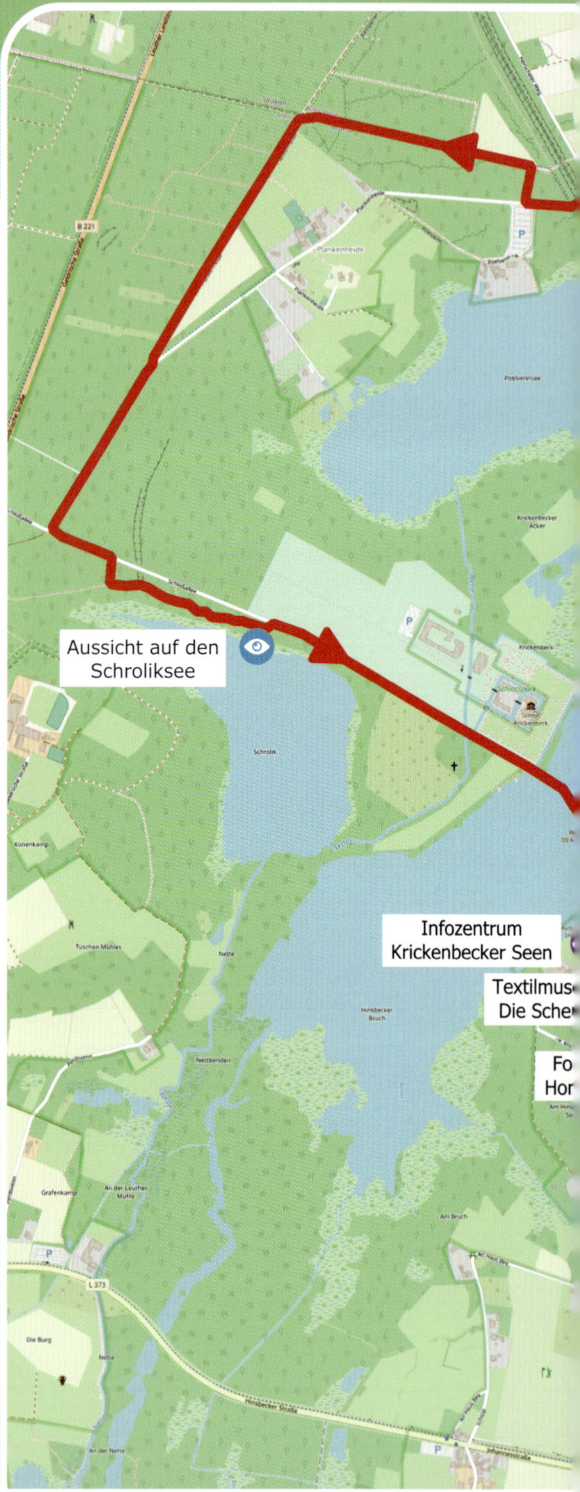

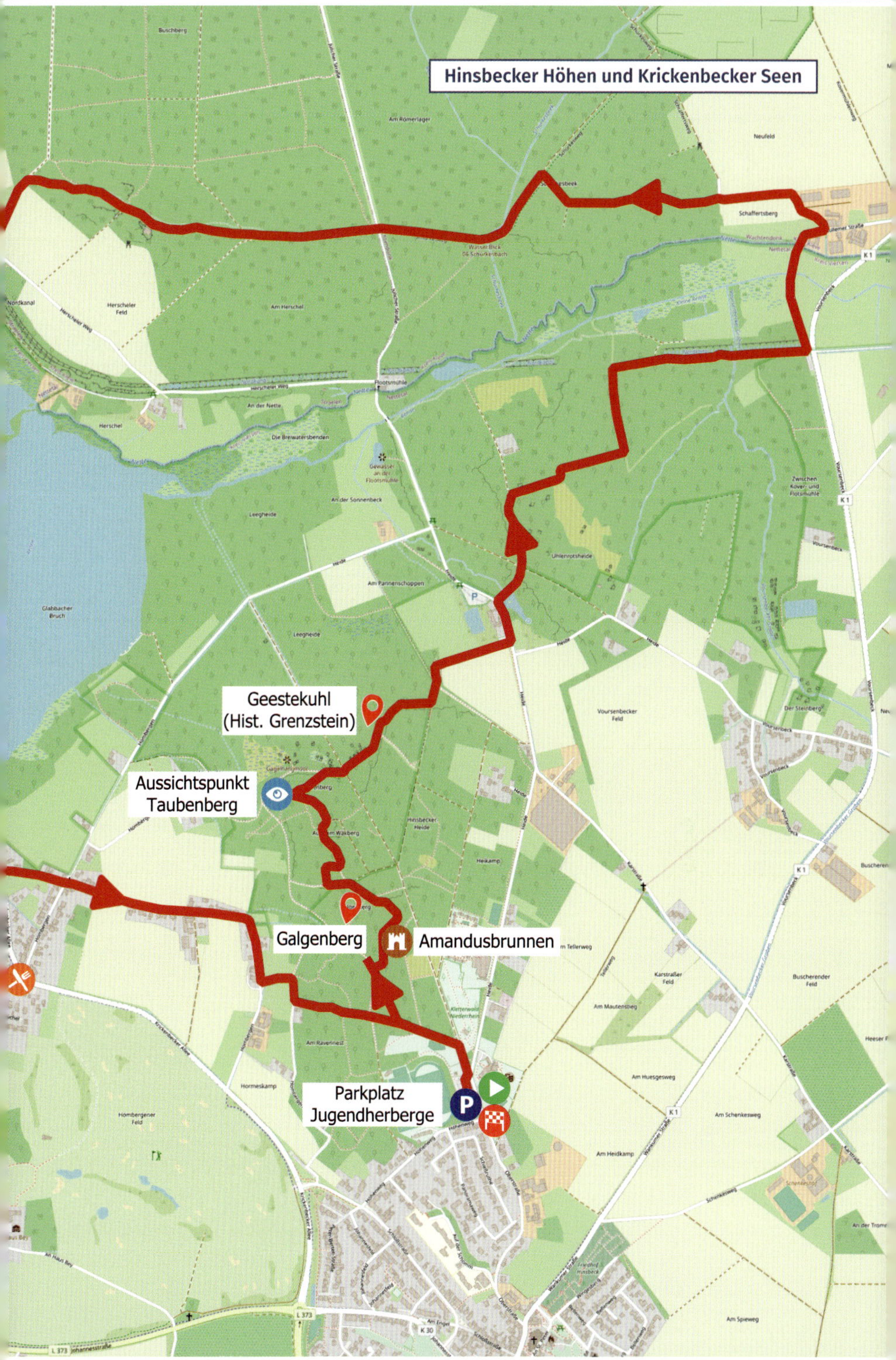
Hinsbecker Höhen und Krickenbecker Seen
Geestekuhl
(Hist. Grenzstein)
Aussichtspunkt
Taubenberg
Galgenberg
Amandusbrunnen
Parkplatz
Jugendherberge

Der Schluffen des Eremiten

Auf und um den Hülser Berg

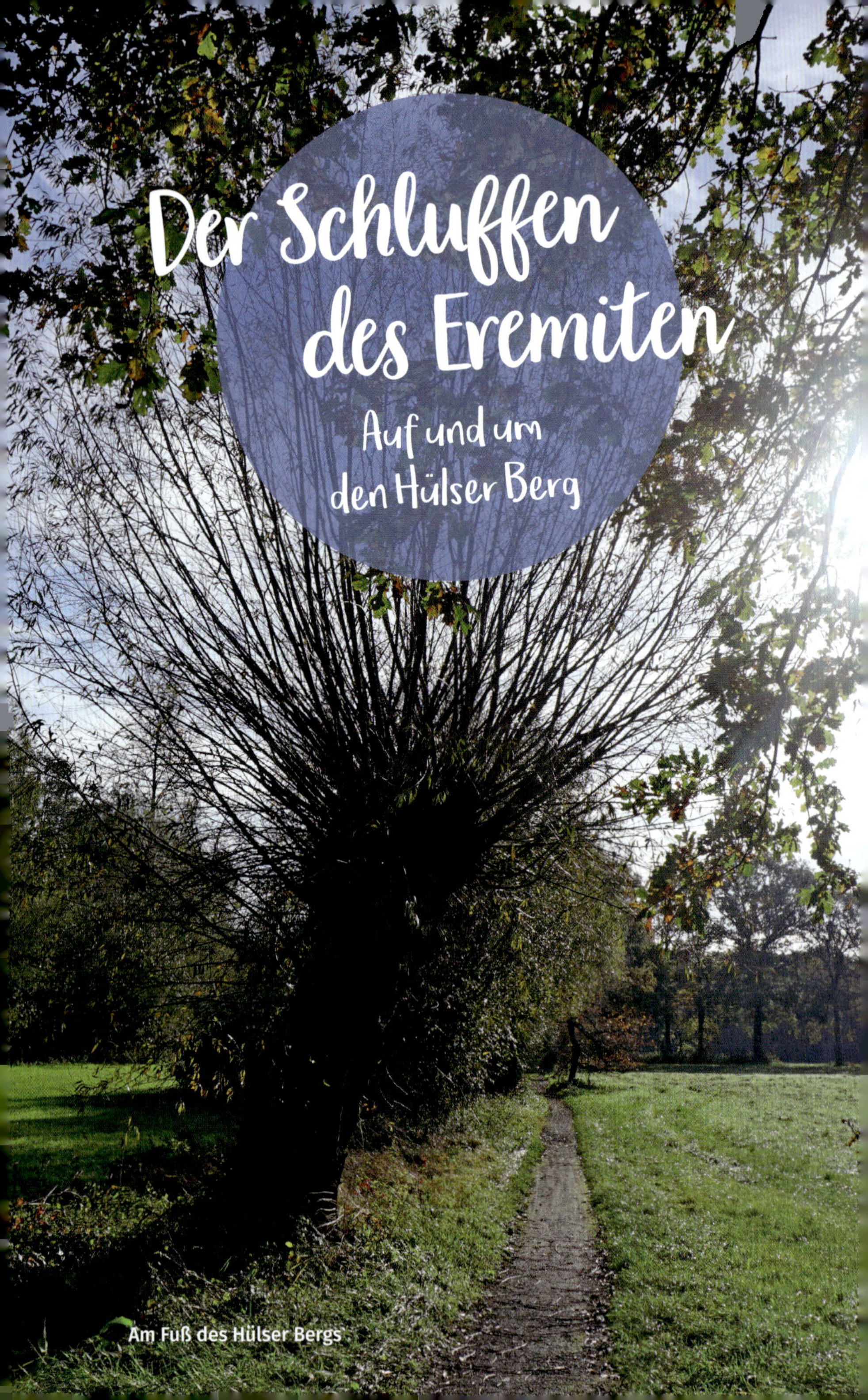

Am Fuß des Hülser Bergs

Wer am Sonntag vor der Hülser Bergschänke steht, weiß: Das ist eine Wanderung für die ganze Familie. Spielplätze, Wildgehege, Aussichtsturm und Heilquelle bieten die Kulisse für einen abwechslungsreichen Waldspaziergang. Dazu das kleine Städtchen Hüls, das zum Einkehren einlädt. Kein Wunder, dass sich an diesem schönen Ort schon immer Menschen angesiedelt und ihre Spuren und Geschichten hinterlassen haben.

Tour 10

3:00 Std. | 12,2 km | 61 m

Start/Ziel: Schluffbahn-Haltestelle Hülser Berg, Talring 116, 47802 Krefeld
Wegbeschaffenheit: Waldwege, asphaltierte Wege ohne Verkehr
Parken: Wer mit dem Auto anreist, parkt am besten auf dem Parkplatz an der Hülser Bergschänke: Am Hülser Berg, Rennstieg 1, 47802 Krefeld. Die Route verkürzt sich so um zwei Kilometer. An der Schluffbahn kann man auch parken: Am Waldschlösschen, Talring 106, 47802 Krefeld
Anreise mit ÖPNV: mit dem Bus zur Haltestelle Hülser Berg oder von Mai bis September mit der Schluffbahn bis zum gleichnamigen Haltepunkt

Wegbeschreibung: Wer an der Bahn startet, wendet sich direkt dahinter in den „Rennstieg“ nach rechts und beginnt den Aufstieg auf den Hülser Berg. Jenseits der kleinen Querstraße geht es auf dem Rennstieg weiter, bis wir ihn gegenüber dem „Wohnhaus Haus am Berg“ nach rechts verlassen. Nun erreichen wir den großen Parkplatz vor der Hülser Bergschänke. Hier stoßen diejenigen auf die Route, die dort parken.
Links der Schänke orientieren wir uns an den Schildern zum Waldlehrpfad. Nichts für schwache Nerven ist der Turm, den wir nur wenige Meter weiter erreichen. Dahinter wandern wir zunächst geradeaus, wenden uns am Querweg nach links und folgen an der T-Kreuzung nach rechts dem Heinrich-Mertens-Weg. Vor einer Bank zweigt der Niederrheinweg (NW) nach links ab und führt uns an einigen Informationstafeln des Waldlehrpfades vorbei.
Bald steigt der Weg an und leitet über eine Art Plateau und an dessen Ende rechts wieder bergab. Unterhalb der breiten Holzstufen liegt rechts die von Eiben gesäumte Eremitenquelle.
Hinter der Quelle wenden wir uns nach links talwärts und folgen dem X auf dem Heinrich-Mertens-Weg. Diesem bleiben wir auch an der T-Kreuzung treu und gehen hinter dem Gedenkstein für eben jenen Heinrich Mertens nach rechts. Und auch an der nächsten Abbiegung nach links vertrauen wir uns diesem Weg weiter an.
Nachdem wir vor der Umzäunung links abgebogen sind, lassen wir uns von der geschotterten Zufahrt zu einer kleinen Straße leiten.

Tipp

Schluffbahn

Die historische Dampflok hat ihren Namen von dem Geräusch, das sie erzeugt. Es klingt wie schlurfende Pantoffeln – oder Schluffen, wie man hier sagt. Immer sonntags von Mai bis September kann man dreimal täglich von St. Tönis über Krefeld und Hüls zum Hülser Berg fahren. Die Tickets können im Vorfeld online erworben werden.
Informationen unter Tel. 02151/982364, www.schluff-krefeld.de

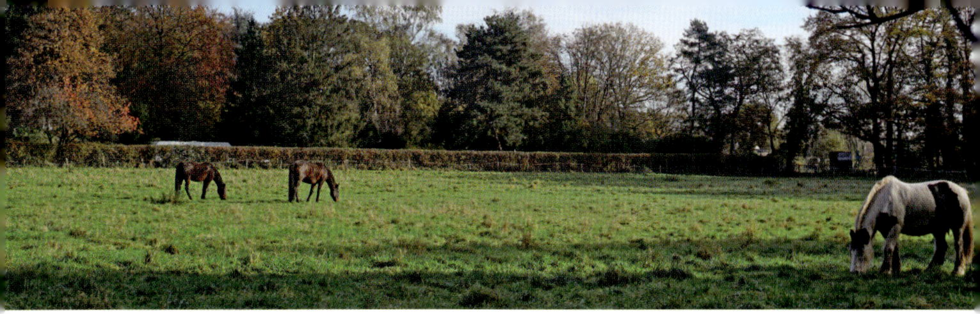

Am Ortsrand von Hüls

Dort wenden wir uns für wenige Meter nach rechts und wandern dann auf der gegenüberliegenden Straßenseite weiter. Zunächst säumen Weiden den Pfad, dann staatliche Eichen. Dahinter treten wir wieder in einen Wald ein.
An der nächsten Abbiegung verlassen wir nun den Heinrich-Mertens-Weg und gehen geradeaus. Wenn die umzäunte Wiese mit dem Wasserloch hinter uns liegt, wenden wir uns nach links, überqueren die kleine Brücke und wandern entlang einer großen Pferdekoppel weiter. An deren Ende schwenken wir auf den mit X markierten breiten Weg nach rechts ein. Parallel zum Reitweg wandern wir nun

Am Weg

Hülser Berg und Johannesturm

63 Meter hoch ist der Hülser Berg und damit der höchste Punkt der Stadt Krefeld. Entstanden ist er wie der ganze Niederrheinische Höhenzug vor 150.000 Jahren in der Saale-Eiszeit. Schon aus der Jungsteinzeit sind Siedlungsspuren belegt. Auch eine große keltische Siedlung konnte nachgewiesen werden.
Wer sich wundert, woher all die runden Vertiefungen kommen, die sich überall auf dem Berg befinden: Aus den 10 bis 20 Meter breiten Kuhlen wurde Ton abgebaut. Die Lehmstecher versorgten damit die Töpfer und Dachziegelhersteller, die Pott- und Pannebäcker im nahen Hüls.
Der 30 Meter hohe Johannesturm ist nur ohne Höhenangst bezwingbar: Die Eisengitter bieten freie Sicht nach unten.

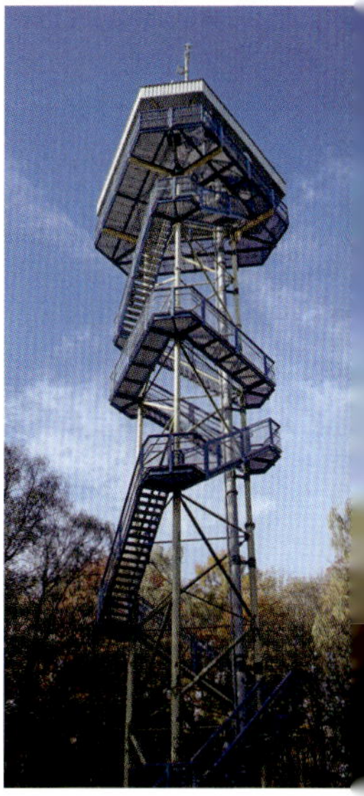

für 1,5 Kilometer geradeaus. Die Erhebung links von uns, der Imrather Berg, ist eine künstliche Aufschüttung.
Nun gelangen wir an eine kleine Straße, und auch hier gehen wir geradeaus, am Wanderparkplatz vorbei auf dem „Plankerdyk". So nähern wir uns dem Ortsrand von Hüls.
Dort angekommen lassen wir uns von der Kreuzlückenstraße mitnehmen bis zum „Steeger Dyk". Dort geht es schräg rechts gegenüber weiter in die Von-Harff-Straße. „An der alten Burg" biegen wir links in „Am Wehrspick" ein und nehmen dann die Rektoratsstraße nach rechts. An dem kleinen Kreisverkehr wenden wir uns nach links und wandern bis zum Hülser Marktplatz. Dort schlagen wir einen Bogen um die Kirche und biegen in „Zur Klausur" rechts ein, dann gehen wir links und erreichen den Herrenweg. Links abgebogen sehen wir rechts die Burg. An ihr und dem dahinterliegenden Spielplatz rechts

Am Weg

Eremitenquelle

Nachweislich lebte am Hülser Berg ein Eremit, dem die Quelle ihren Namen verdankt. Er wurde von den Menschen der Umgebung als Heiler verehrt und aufgesucht. Angeblich wurde er nach seinem Tod auch hier begraben. Im Volksmund wird die Quelle auch Jungfernpöttche genannt, also schrieb man ihr eine die Fruchtbarkeit steigernde Wirkung zu. Ob die Quelle schon zur Zeit der Kelten bestand, die hier ganz in der Nähe siedelten, ist strittig. Auf jeden Fall liegt sie außerhalb des durch die Wallanlage geschützten Raumes. Während noch im vergangenen Jahrhundert das als heilkräftig angesehen Wasser verwendet wurde, ist die Quelle heute weitgehend versiegt.

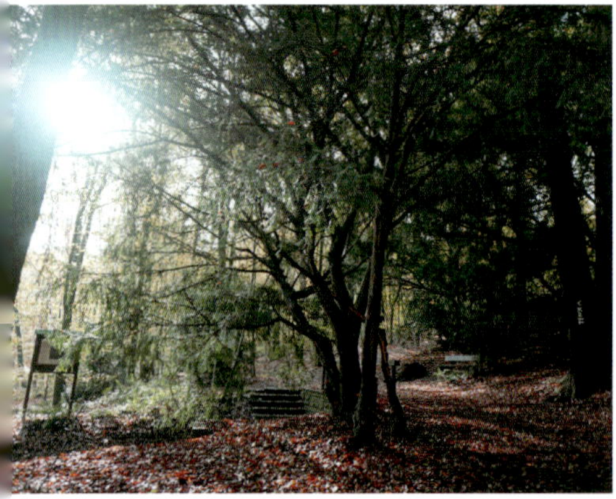

Am Weg

Burg Hüls

Die kleine Wasserburg wurde ab 1455 durch den Ritter Friedrich von Hüls errichtet. Schon im 16. und 17. Jahrhundert wurde sie unter anderem im Zuge der Schlacht bei Hüls so stark beschädigt, dass sie verfiel. Erst im Jahr 2005 wurde die Anlage von Ehrenamtlichen saniert. Der Heimatverein betreut das Ensemble auch weiterhin und öffnet es in den Sommermonaten sonntags von 15 bis 17 Uhr.

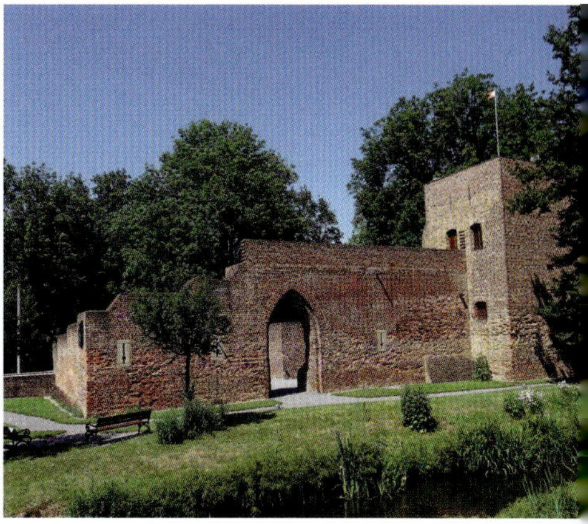

vorbei gewandert, wählen wir an der Weggabelung den Weg nach rechts zur Straße und biegen davor links ab.
Auch an dem großen Parkplatz am Ortsrand gehen wir rechts entlang und an der Bezirkssportanlage vorbei geradeaus auf dem mit X markierten „Hölschen Dyk" auf den Hülser Berg zu. So gelangen wir an den Waldrand, vor dem wir uns nach links wenden und dem X bis zum Damwild-Gehege folgen. An diesem gehen wir schräg rechts vorbei bergauf. Fast auf der Höhe angekommen wenden wir uns am Ende des Wildschweingeheges nach links und erreichen geradeaus über den Waldlehrpfad wieder die Hülser Bergschänke. Wer hier geparkt hat, ist am Ziel angekommen. Diejenigen, die zum Haltepunkt der Schluppenbahn wollen, gehen auf dem Rennstieg zurück, wie sie gekommen sind.

Gastronomie

Hülser Bergschänke, Rennstieg 1, 47802 Krefeld, Tel. 02151/568841, www.huelser-bergschaenke.de

Der Eremit und das kleine Volk

Jungfernpöttche, Einsiedlerborn oder Eremitenquelle: Viele Namen zieren den Ort, der ruhig und magisch eingerahmt von Eiben auf dem Hülser Berg lieg. Aus einer steinernen Führung gelangt das Wasser zu den Menschen, wenn es denn überhaupt fließt. Es ist noch gar nicht so lange her, als die Menschen hierherkamen, um mit dem Quellwasser ihre Leiden zu heilen. Vom Ende der Steinzeit bis in die Keltenzeit hinein reichen die archäologischen Funde rund um das Pöttche und zahlreiche Sagen ranken sich um den Ort. Sie erzählen zum Beispiel von den Erdmännekes vom Hölschenberg und einem Zwergenvolk, das unter dem Berg lebte, und natürlich von einem heilenden Eremiten, der sich der Quelle und ihrer Wirkung bediente. In unserem Märchen finden sich alle irgendwie zusammen.

Es waren einmal ein Heinzelmännchen und ein Zwerg. Ist das nicht dasselbe, werdet ihr euch jetzt fragen: Nein, ist es nicht. Beide sind von kleiner Gestalt. Aber während Heinzelmännchen gutmütig und dem Menschen zugetan sind, sind Zwerge zwar sehr fleißig, aber manchmal etwas stur, eigenbrötlerisch und mürrisch. Das haben wir ja schon in der Geschichte vom Niederwald bei Hinsbeck gehört. Vielleicht war dieser Hinsbecker Zwerg ja sogar vom Hülser Berg dorthin ausgewandert. Auf jeden Fall wurden die Zwerge von einem Zwergenkönig regiert, der gar nicht gut auf die Heinzelmännchen zu sprechen war.

Einst trafen die beiden Anführer der kleinen Völker aufeinander, um zu diskutieren, wie sie sich in Zukunft miteinander verständigen sollten. Das Heinzelmännchen versuchte es mit Ruhe und Verständnis, während der Zwerg aufbrausend und laut war. So war es schwierig für die beiden, überhaupt in ein gutes Gespräch zu kommen. Sie redeten aneinander vorbei.

Der Zwerg wollte seinen Berg für sich alleine haben, während ihm das Heinzelmännchen erklärte, dass sein Volk sowieso bei den Menschen lebte und das Innere des Berges gar nicht bewohnen wollte. Trotzdem es eigentlich gar nichts zu diskutieren gab, wollte sich keine Einigung

zwischen den beiden Parteien einstellen. Ganze Tage ging das so, bis sich endlich jemand ein Herz fasste, und in den Streit eingriff.
Es war der Eremit, der zu dieser Zeit auch auf dem Hülser Berg lebte. Im Gegensatz zu den anderen Menschen konnte er die kleinen Völker sehen und war somit in den Streit schon seit einiger Zeit miteingebunden. Er war es gewohnt, diplomatisch und einfühlsam zu sein. Ob das auch bei den magischen Wesen helfen würde?
„Lieber Zwergenkönig vom Hülser Berg", sprach er feierlich, da er wusste, dass Zwerge stolz und manchmal auch etwas eingebildet waren: „Ich habe gehört, dass du unter dem Berg eine prächtige Stadt hast. Bei dir werden Edelsteine verarbeitet und dein ganzes Volk ist unglaublich fleißig. Du bist ein weiser Herrscher, gebildet und vorausschauend. Zwerge und Heinzelmännchen – warum ist es nicht möglich, dass ihr uns gemeinsam Freude schenkt?"
Der Eremit wusste, dass die Zwerge die Edelsteine und Schätze nur für sich selbst ansammelten, während die Heinzelmännchen den Menschen halfen, Arbeit zu erledigen, die sie alleine nicht schafften. Also wäre es denen sicher lieber gewesen, die Heinzelmännchen würden die Zwerge vom Hülser Berg vertreiben. Aber davon wollte der Eremit lieber nicht sprechen, denn das würde den Zwergenkönig noch wütender machen.
„Es gibt gar nicht genug Nahrung für uns alle", sprach der Zwergenkönig auch schon, obwohl alle wussten, dass das eine Lüge war, denn die Beeren und Pilze wuchsen in Hülle und Fülle, und selbst für die Menschen und Tiere blieb noch genügend übrig, nachdem sich die Zwerge schon bedient hatten. „Und die Heinzelmännchen mit ihrem ewigen Lachen und der vielen guten Laune und Hilfsbereitschaft machen uns bei den Menschen unbeliebt und gehen uns damit auch ziemlich auf die Nerven."
„Wir können doch nicht unsere gute Laune unterdrücken, nur weil ihr Zwerge so ein mürrisches Volk seid", warf nun das Heinzelmännchen ein: „Die Menschen mögen uns, weil wir unseren Fleiß auch für sie ein-

setzen. Wir gehen schließlich in der Nacht in ihre Werkstätten und Häuser und helfen ihnen mit der Arbeit. Da ist es doch logisch, dass sie uns gerne mögen. Wir tun etwas dafür, um gemocht zu werden", beendete der Anführer der Heinzelmännchen seine Ansprache, die zwar ruhig und gefasst war, aber auch nicht sonderlich diplomatisch oder hilfreich für die Situation.

Der Eremit konnte immer besser verstehen, warum die beiden Völker es miteinander schwer hatten. „So wird das nichts", dachte er: „Ich muss mir etwas einfallen lassen."

Er stand auf und ging dreimal auf und ab, weil ihm das meist half, um einen guten Einfall zu haben. Der Zwerg und das Heinzelmännchen starrten ihn dabei an.

„So wie ich das sehe", sprach er schließlich zu den beiden, „möchtet ihr beide, dass eure Völker bei den Menschen beliebt sind und ihr auf dem Berg gut mit ihnen zusammenleben könnt. Habe ich das richtig verstanden?" Die beiden sahen sich kurz an und nickten – endlich einmal in Übereinstimmung.

„Also gut", sprach der Eremit: „Da die Heinzelmännchen bei den Menschen schon geschätzt sind, müssen wir etwas finden, das die Zwerge beliebter macht." Der Zwergenkönig, wurde ganz rot im Gesicht und es war klar, dass er gleich die Geduld verlieren würde: „Wir sind gut, so wie wir sind, wir müssen uns nicht besser machen! Wir sind ein fleißiges Volk, das muss genügen, um uns bei den Menschen Ansehen und Ruhm zu verdienen. Was mehr sollen wir noch tun? Die Menschen sind gar nicht würdig, dass wir in ihrem Berg wohnen ..." Er schimpfte und schimpft, dass sich das Heinzelmännchen lieber die Ohren zuhielt und der Eremit wieder begann hin und her zu gehen, um doch noch zu einem Einfall zu kommen. „Es muss doch eine Lösung geben", dachte er und sprach laut: „Zwergenkönig, du hast recht, ihr seid ein fleißiges Volk, das müsste doch auch uns Menschen von Nutzen sein."

Da kam ihm etwas in den Sinn: Er hatte vor langer Zeit gelesen, dass nicht nur Kräuter die Menschen heilen konnten, sondern auch Edelsteine eine positive Wirkung auf ihr Wohlbefinden hatten. „Lieber Zwergenkönig, bringt mir einige eurer besten Edelsteine, es müssen nicht die schönsten sein, aber sie müssen eine gute Energie haben. Ich werde versuchen, ob ich sie für meine Heilarbeit verwenden kann“, sprach er nun selbst etwas aufgeregt: „Wenn es klappt, dann werde ich jedem Einzelnen erzählen, dass die besonderen Heilsteine von den Zwergen kommen.“

Der Eremit war stolz auf sich und seinen guten Einfall und er hatte auch Lust, es auszuprobieren. Tatsächlich wählten die Zwerge verschiedene Edelsteine aus, die für die Arbeit mit den Menschen gut geeignet sein könnten. Schließlich wollten sie ja beliebter und angesehener werden. Der Eremit setzte bei seinen nächsten Behandlungen zusätzlich zu den Kräutern auch die Kraft der Kristalle ein, und siehe da: Den Menschen ging es tatsächlich besser. „Die Steine kommen von den Zwergen“, sagte er seinen großen und kleinen Patienten und schon bald wussten alle, dass die Zwerge ihnen helfen wollten.

Um ihre Dankbarkeit gegenüber dem kleinen Volk zu zeigen, riet ihnen der Eremit, die Heilquelle auf dem Hülser Berg in Zukunft Zwergenborn zu nennen. Und das taten sie.

Die Zwerge waren überglücklich, fühlten sich geliebt und verstanden und von da an herrschte Frieden zwischen ihnen und den Heinzelmännchen. Und den Menschen war zusätzliche Hilfe zuteilgeworden.

Heute erinnern sich die Bewohner der Region nicht mehr an diesen weiteren Namen der Quelle, aber solltet ihr daran vorbeikommen, dann könntet ihr es mal versuchen, den Namen laut auszusprechen, oder mit einem Stock in den Erdboden zu schreiben: Zwergenborn. Vielleicht seht ihr dann irgendwo eine kleine rote Zipfelmütze und ein stolzes Gesichtchen zwischen den Eiben aufblitzen.

Tour 10

- Startpunkt
- Zwischenziele
- Parkplatz
- Haltestelle
- Zielpunkt
- Gastronomie
- Sehenswürdigkeit
- Aussichtspunkt
- Familienfreundlich

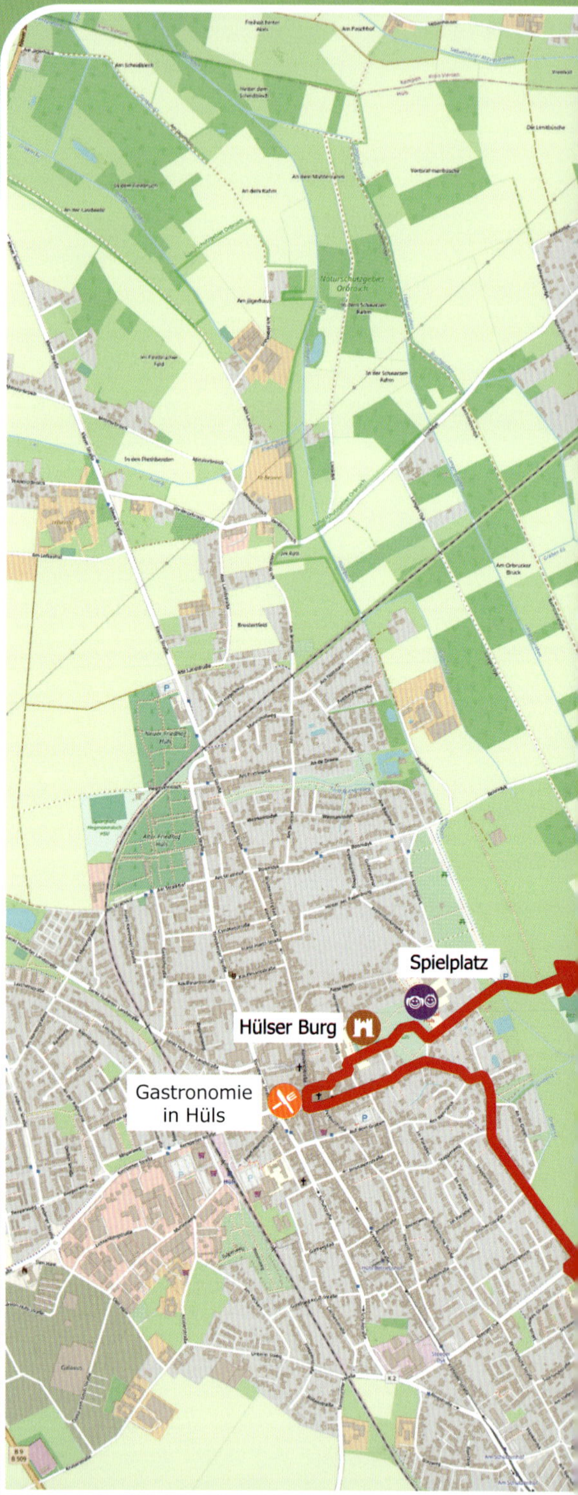

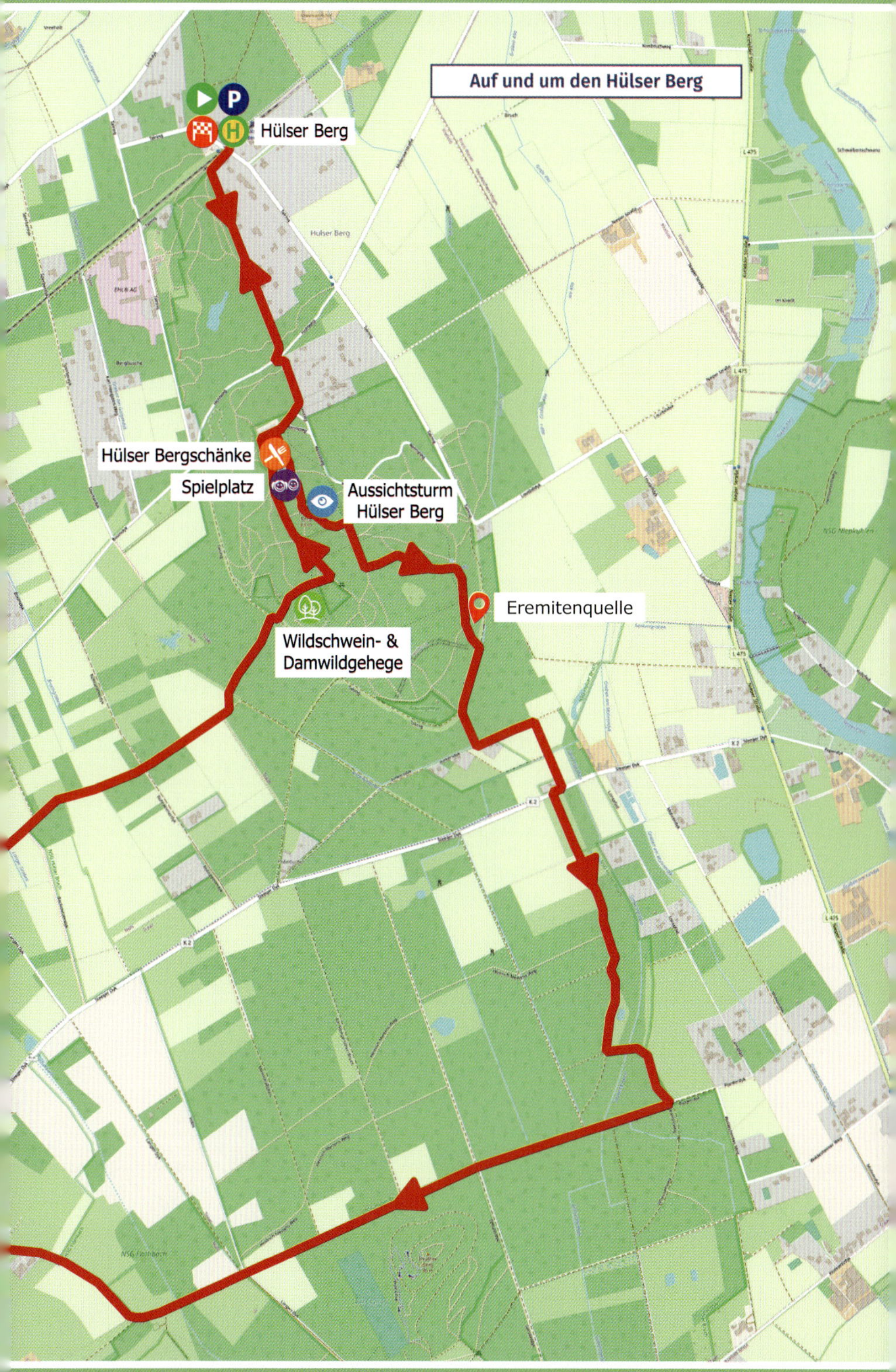

Auf und um den Hülser Berg
Hülser Berg
Hülser Bergschänke
Spielplatz
Aussichtsturm
Hülser Berg
Eremitenquelle
Wildschwein- &
Damwildgehege

Over het Feld

Von Brüggen zur Elmpter Kapelle

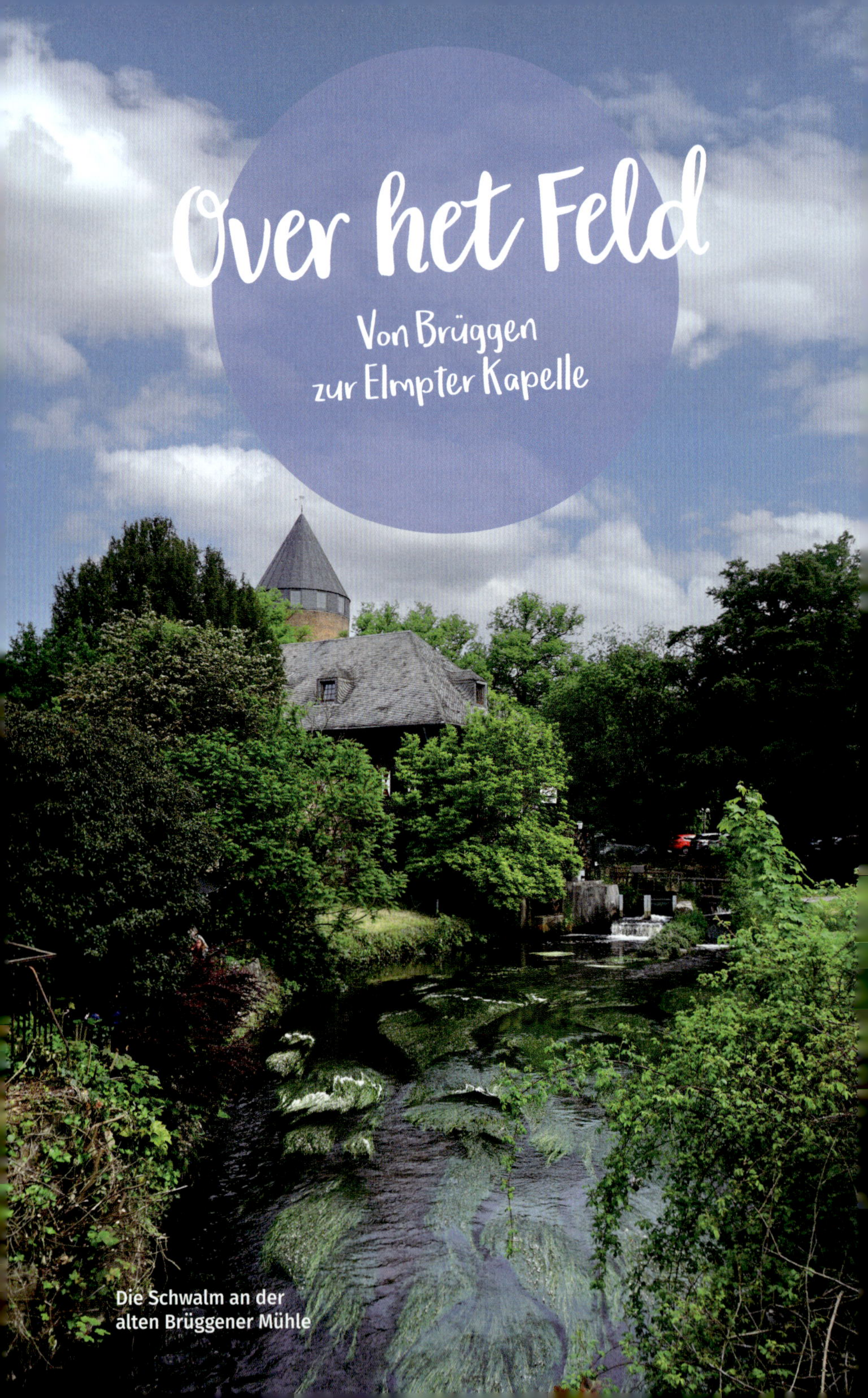

Die Schwalm an der alten Brüggener Mühle

Wasser prägt diese Region nahe an der niederländischen Region im Schwalm-Nette-Naturpark, wo der hübsche und immer gut besuchte Ort Brüggen an einer Furt entstanden ist, wie der Name es schon andeutet. Diese Wanderung wird also vor allem von der Schwalm geprägt, an deren Seite wir heute auf dem ersten Teil unserer Route bleiben. Der zweite Teil ist waldreich und etwas hügeliger. Dabei passieren wir ein echtes kulturhistorisches und religiöses Kleinod: die „Elmpter Kapelle" genannte Wallfahrtskirche „St. Marien an der Heiden" im Ortsteil Overhetfeld. Der liegt direkt unter dem Diesberg, dessen Name vom römischen Wort für Gott, deus, herrühren soll. Vielversprechender geht es also gar nicht ...

Tour 11

3:00 Std. | 11,4 km | 19 m

Start/Ziel: Klosterstraße, 41379 Brüggen
Wegbeschaffenheit: überwiegend Wald- und Schotterwege, wenig Asphalt
Parken: Parkplatz Burgwall, 41379 Brüggen
Anreise mit ÖPNV: Bushaltestelle Brüggen Burg
Besonderheit: Bei Hochwasser sind Teile des Wegs nicht begehbar.

Wegbeschreibung: Diese Wanderung beginnt an der „Torschänke“ in Brüggen. Nachdem wir den Mühlengraben überquert haben, wenden wir uns nach rechts, überqueren noch einmal die Schwalm und gehen sofort dahinter links.

An der nächsten Kreuzung wandern wir geradeaus auf dem A6. Achtung: Bei Überflutung ist dieser Weg gesperrt. An der nächsten Gabelung, dort, wo die Jupiterskulptur steht, wenden wir uns nach links. Immer noch auf dem A6 gelangen wir an eine T-Kreuzung, an der wir nach links erneut die Flussseite wechseln und uns dann nach rechts wenden.

Vor dem Campingplatz tauschen wir wieder die Uferseite und gehen zunächst zwischen Kanal und dann zwischen See und Schwalm. Über die asphaltierte Brücke überqueren wir diese erneut und wenden uns noch vor dem Parkplatz wieder nach rechts und folgen weiter dem Wasser. So verlassen wir an dieser Stelle den A6 und folgen nun dem E8 und X1 auf dem Schwalmweg.

Bei nächster Gelegenheit lassen wir uns an der T-Kreuzung von den beiden Markierungen nach rechts leiten. Bald zweigt nach links gegenüber einer Brücke ein Stichweg zum Tennisplatz ab, wo es auch eine Einkehrmöglichkeit gibt. Unsere Route führt uns hier aber geradeaus weiter.

Bald wandern wir rechts des Venekotensees und wenden uns auf dem ersten Schotterweg, der nach links abbiegt, in diese Richtung.

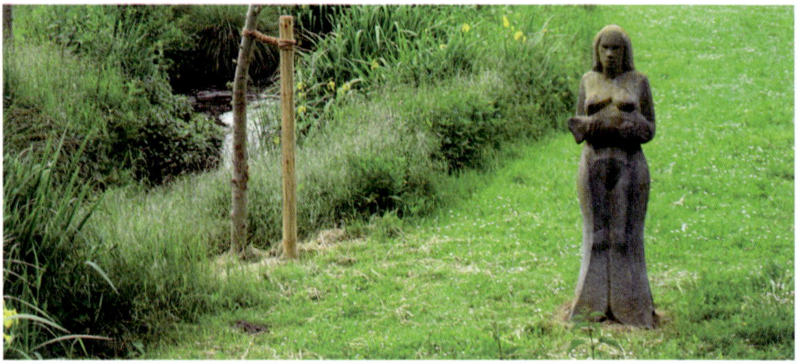

Die Wasserfrau ist an Land gegangen ...

Info

Burg Brüggen

An der weit und breit einzigen Furt über die Schwalm entwickelte sich an der Kreuzung zweier Handelswege zwischen Rhein und Maas schon früh eine Siedlung. Erstmals urkundlich belegt ist das aus dem Jahr 897. 400 Jahre später ließen die Grafen von Kessel eine Kiesinsel aufschütten, um trotz des morastigen Bodens eine Burg errichten zu können. Sie diente mehr als 300 Jahre als Grenzfeste des Herzogtums Jülich, bevor Napoleon die Region unter französische Herrschaft brachte. Die Franzosen verkauften die Burg dem letzten Jülicher Amtmann. Damit begann der Verfall, weil er genau wie die folgenden Besitzer die Burg und die Befestigungen schleifte, um das Material für andere Projekte verwenden zu können. Ein Übriges taten zwei Bombentreffer im Zweiten Weltkrieg.

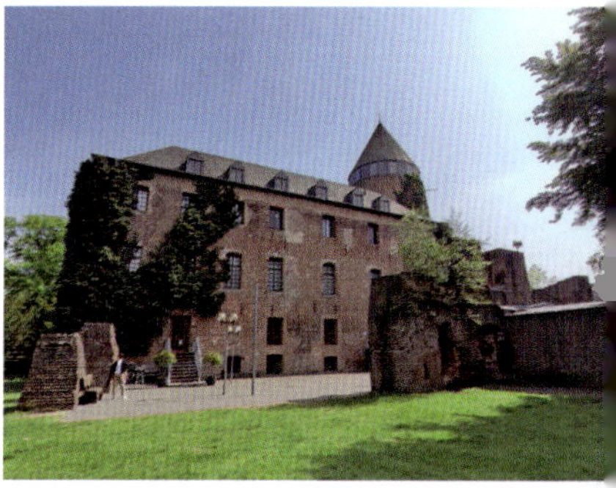

Seit 1973 ist die Stadt Pächterin der Gebäude, in denen heute das Jagd- und Naturkundemuseum und die Touristen-Information untergebracht sind.

Linker Hand passieren wir einen kleinen Steg und nach einer S-Kurve liegt rechts unterhalb von uns eine kleine Brücke, die über einen schmalen Graben führt. Diese überqueren wir und gehen sofort links. Wir erreichen einen Parkplatz, gehen an dessen Ende rechts und an der Gabelung links, dem kleinen Graben folgend.
In den breiten Querweg schwenken wir nach links ein, nur um ihn nach knapp 100 Metern nach links in den Wald wieder zu verlassen. Nach gut einem halben Kilometer zweigen wir an der T-Kreuzung links ab und folgen dann der Rechtskurve. Entlang der Straße „Am Kupenberg“ wandern wir nun bis zur Bushaltestelle Venekoten Parkplatz.
Dort gehen wir über den Parkplatz und dann parallel zur Straße weiter, überqueren den asphaltierten Fahrradweg und gehen schräg

rechts gegenüber in den Wald. Dort wählen wir von den beiden Möglichkeiten die rechte. Am Querweg folgen wir dem A3 nach rechts in das Dorf Overhetfeld, wo wir geradeaus bis zur Querstraße gehen. Schräg rechts gegenüber nehmen wir die Straße „An der Heiden“ bis zur Elmpter Gnadenkapelle. Dahinter folgen wir der Straße kurz nach rechts, bevor wir dem „Diesberg“ nach links folgen.

In den Forstweg biegen wir links ab und befinden uns wieder auf dem A6. Von diesem lassen wir uns bis zur Straße leiten. Wir folgen ihm allerdings nicht nach links, sondern gehen auf dem Radweg gegenüber für etwa 30 Meter nach rechts, bevor wir den Waldpfad nach links einschlagen. Gleich an der Gabelung wenden wir uns nach links auf Schloss Dilborn zu und biegen davor rechts ab. Der A6 führt uns an dem privaten Schlossgelände vorbei und zweigt etwa 150 Meter dahinter links ab. Der schmale markierte Wanderpfad führt uns durch den Wald wieder an die Schwalm.

Hier überqueren wir einen Bachlauf und dann den Fluss über die Brücke. An der Kreuzung nach rechts abgebogen, gehen wir auf dem Weg, den wir zuvor schon gekommen waren, nach Brüggen zurück.

Am Weg

Elmpter Kapelle

Auf dem nahen Diesberg soll um das Jahr 1675 eine Marienfigur gefunden worden sein. Kein Wunder, möchte man sagen, dass der Name Diesberg das lateinische Wort „deus“ beinhaltet: Gott. Die früher von Weitem sichtbare Anhöhe war also vermutlich eine Kultstätte. Die Legende sagt, dass ein Kuhhirte die Figur an einer Quelle entdeckt und sie zur Elmpter Pfarrkirche gebracht habe. Auf wundersame Weise kehrte die hölzerne Madonna aber mehrere Male an ihren Fundort zurück, bis die Kapelle errichtet wurde, in der sie seitdem geblieben ist. Das reich ausgestattete Gotteshaus birgt bis heute einige kunsthistorisch wertvolle Altäre und Schnitzereien.

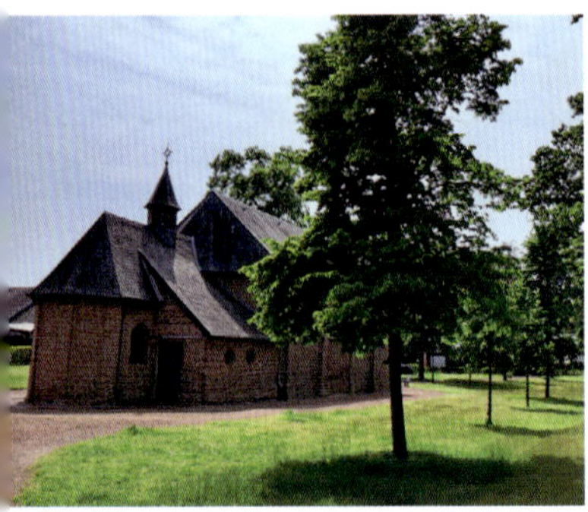

Am Weg

Schloss Dilborn

Das Wasserschloss Dilborn am Schwalmufer wurde im Jahr 1363 erstmals urkundlich erwähnt. Es gehörte in seinen Anfängen dem Herzog Eduard von Geldern. Nach wechselhafter Geschichte verabschiedeten sich die letzten adeligen Besitzer, die in das Schloss investierten. Seit dem Jahr 1910 verpachtete nämlich der neue Herr, Graf Karl Theodor Eugen von Westerholt-Gysenberg, die Ländereien und Gebäude. 1940 wurde alles beschlagnahmt und als Lager für Zwangsarbeiterinnen genutzt. Nach dem Krieg erwarben die Dernbacher Schwestern das ganze Ensemble und richteten ein Kinderheim ein.

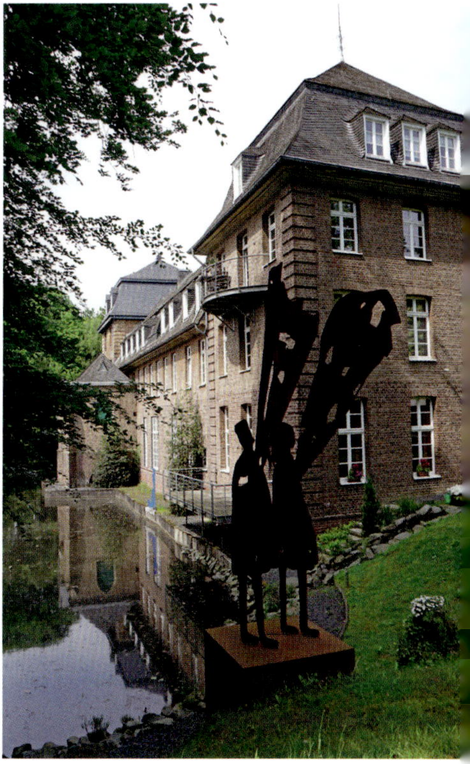

Inzwischen ist das Schloss in Privatbesitz, wird aber als Kulturort auch der Öffentlichkeit zur Verfügung gestellt. Und auch der soziale Aspekt ist erhalten geblieben: Immer noch ist Schloss Dilborn Ort der Jugendhilfe, getragen von einer gemeinnützigen Gesellschaft als Nachfolgeorganisation der Dernbacher Schwestern.

Gastronomie

Auszeit, Venekotenweg 6, 41372 Niederkrüchten, Tel. 02163/3412670, www.auszeit-venekoten.de

Café & Restaurant Ambiente, An der Heiden 3, 41372 Niederkrüchten-Overhetfeld, Tel. 02163/83092, www.restaurant-ambiente-nk.de

Die Wasserfrau in den Schwalm-Auen

Schon allein wegen der schmucken Altstadt, der mittelalterlichen Burg und der romantischen Torschänke sollte man nach Brüggen kommen. Und natürlich wegen der ausgedehnten Flussauen, die immer schon alles in ihren Bann zogen. Wer hier wandert, ist fasziniert von den Wasserflächen, die auf unterschiedlichste Art und Weise mit Mensch und Tier in Kommunikation treten möchten. Wir haben uns auf diese Art der Unterhaltung mit der Natur eingelassen und erzählen deshalb eine Geschichte über eine Wasserfrau, die einst in den mystischen Flusslandschaften der Schwalm lebte.

Es war einmal in der Nähe von Brüggen, in einer Zeit, als hier nur einzelne Höfe standen. Menschen siedelten hier, weil es einen natürlichen Übergang, eine Furt über den Fluss gab. Andere kamen auf ihren Handelsreisen vorbei, von weither auf ihrem Weg zwischen Norden und Süden, Westen und Osten.

Damals wurden Geschichten und Märchen noch mündlich erzählt: Sie füllten die langen Abendstunden mit Legenden und Sagen, mit Gesang und Tanz. Eigentlich nicht viel anders als heute, nur dass die Geschichten heute aus dem Fernseher, Radio und Computer kommen. Die Menschen wollten immer schon unterhalten und abgelenkt werden: von ihrem Alltag, den Sorgen und der harten Arbeit. Eine der Erzählungen berichtete, dass in den Schwalm-Auen eine Wasserfrau lebte, die sich in eine leuchtend blaue Libelle verwandeln konnte. Sie wusste das Wasser zu verlassen, ihre Gestalt zu wandeln und durch die Lüfte zu schweben. In ihrem eigenen Element soll sie so schön gewesen sein, dass sich jeder Mensch sofort in sie verlieben musste. Es war wie eine Art Bann, der nur durch den Tod wieder gebrochen werden konnte. Deshalb wurden alle ermahnt, nur ja nicht zu sehr in die Auenlandschaft zu starren – denn sonst war die Gefahr groß, dass sie die Wasserfrau erblickten und dem Bann verfielen.

Natürlich gab es damals – so wie heute auch – die Waghalsigen, die das Risiko suchten und sich bewusst auf die Suche nach der Wasserfrau machten. Doch denen erschien sie nie, denn die Wasserfrau wollte den Menschen nicht schaden, auch sie wollte einfach nur um ihrer selbst willen geliebt werden. Warum sie diesen Fluch über die Menschen brachte, wusste sie nicht. Wie sollte sie sich dann aber jemals davon befreien können?

Ihr fragt euch jetzt vielleicht, warum sie sich nicht einfach in einen Wassermann verliebte. Dann hätte sie sich in ihrem eigenen Element einen Partner wählen können. Doch das ist leicht beantwortet: Zu dieser Zeit gab es keinen, zumindest nicht in dieser Region. Die Wasserfrau war die einzige ihrer Art und schon deshalb war sie oft sehr einsam und sehnte sich nach einem Gefährten und einer Familie. Doch immer, wenn wieder einer der Erdenmenschen ihrer ansichtig wurde und dadurch unglücklich und unsterblich in sie verliebt war, wusste sie, dass diese Liebe nicht ihr galt, sondern nur dem Fluch anzulasten war.

Im Laufe der Zeit wurde die Wasserfrau über all dieses Leid, das sie verursachte, so traurig, dass sie meist weinend am Schwalmufer saß oder ein trauriges Lied anstimmte. Die Reisenden kannten das bald: Immer, wenn sie einen traurigen Gesang hörten, schauten sie sofort auf den Boden, um nur ja nicht die bannbringende Wasserfrau zu erblicken. Ihr könnt euch vorstellen, wie einsam und allein sich dieses magische Wesen gefühlt haben musste.

Glücklich war sie nur, wenn sie sich in die blau leuchtende Libelle verwandeln konnte. Das passierte immer, wenn die Sonnenstrahlen die Wassertropfen auf ihrer grünen Haut glitzern ließen, dann konnte sie sich in das Luftelement flüchten und sich vom Wind tragen lassen und die Welt leichter und unbeschwerter erleben. Dann musste sie auch nicht aufpassen, wie sie sich den Menschen näherte. Stattdessen war sie sorglos und lustig. Sie taumelte durch die Luft, saß auf Blüten und manchmal hielt sie ein Schwätzchen mit einem Vögelchen. Am meisten liebte sie die Eisvögel, die von der Farbe so waren wie sie. Fasziniert schaute sie zu, wie diese durch die Luft schossen, wie kleine blaue Pfeile. Doch

all dies ging nur, wenn die Sonne schien. In den grauen und nebligen Wintertagen musste die Wasserfrau in ihrer Einsamkeit ausharren.
Doch genau an so einem nebligen und grauen Tag geschah das Wunder. Die Wasserfrau saß wieder einmal am Ufer, es war noch früh. Gerade erst kämpfte sich das Licht durch die Wolken und sie war nicht darauf gefasst, dass schon ein Mensch auf dem Weg war. Sie konnte gar nicht so schnell wegschwimmen, da hatte sie das Mädchen mit dem silberblauen Kleid und den weißblonden Haaren schon erblickt: „He, du, was machst du da? Deine Haut ist so wunderbar grün und dein Haar so unglaublich violett", lachte das Mädchen. Die Wasserfrau war davon überzeugt, dass sofort der Bann wirken würde und danach keine normale Unterhaltung mehr möglich war, deshalb wollte sie gerade untertauchen und verschwinden, als das Mädchen rief: „Du wirst doch jetzt nicht abhauen wollen, ich möchte dich nach dem Weg fragen. Ich habe mich verlaufen und weiß nicht mehr, wo ich bin. Keiner der Bauern hat mir seine Türe geöffnet und deshalb frage ich dich." Die Wasserfrau, die sich noch nie mit einem Menschen auf normale Art unterhalten hatte, konnte kein Wort herausbringen. „Du bist ja wohl nicht eine von denen, die viel spricht. Na ja, egal", sagte das Mädchen ruhig: „Ich setze mich einfach eine Weile zu dir, denn ich bin müde. Und brauche ein bisschen Ansprache." Sie blickte der Wasserfrau erwartungsvoll in die Augen. Diese war immer noch sprachlos und erwiderte nur scheu den unschuldigen Blick des Mädchens, das silbern strahlte wie der Mond: „Ach so, du kannst gar nicht sprechen, du bist ein Wasserwesen und kannst dich mit Menschen nicht unterhalten. Egal, ich rede genug für zwei." Da setzte sich das Mädchen mit den weißblonden Haaren auf einen Stein und erzählte der Wasserfrau Geschichten. Eine ganze Zeit lang ging das so, bis es richtig Tag wurde und sich der Nebel zu lichten begann. Durch die hellen Nebelschwaden fielen langsam die zarten Sonnenstrahlen zu den beiden ungleichen Wesen in die Flussauen der Schwalm.
Die grünglänzende Haut der Wasserfrau begann zu leuchten und schon verwandelte sie sich in die blaue Libelle. Aber ihr werdet nicht glauben, was dann passierte: Das weißblonde Haar des Mädchens begann auch

silbrig zu funkeln und zu glitzern, und im Handumdrehen verwandelte sie sich in einen leuchtenden Eisvogel. Gemeinsam flogen die beiden nun durch die Flussauen. Sie waren unbeschwert und lustig und so verging der Tag in der Sonne im Nu. Als diese dann hinter den Nachmittagswolken verschwand, verwandelten sich die beiden wieder in ihre wahre Gestalt. Und da sprach die Wasserfrau die ersten Worte mit ihrer neuen Freundin: „Bist du so wie ich, ein magisches Wesen? Können wir zusammen sein, ohne dass du dich unsterblich in mich verliebst? Habe ich endlich ein Lebewesen gefunden, das mit mir sein darf? Sind mein Leiden und meine Einsamkeit endlich beendet?", atemlos vom vielen reden, blickte sie erwartungsvoll in die wasserblau-silbrigen Augen des Mondmädchens.

„Ich habe auch noch niemanden wie dich getroffen", antwortete dieses. „Ich verwandle mich schon mein Leben lang und bin anders als alle anderen. Ich weiß nicht warum. Aber ich habe immer schon gewusst, dass ich irgendwann jemanden treffen werde, der so ist wie ich. Deshalb bin ich vertrauensvoll und mutig durch die Lande gezogen, auf der Suche nach einer verwandten Seele. Und jetzt habe ich sie gefunden."

Die Wasserfrau, die nicht so vertrauensvoll ihr Leben verbracht hatte, wie das Mondmädchen, musste sich erst an das Glücklichsein gewöhnen. Sie hatte endlich ein Gegenüber zum Reden, zum Lachen und zum Weinen, zum Glücklichsein und auch zum Traurigsein. Endlich war sie nicht mehr mutterseelenallein auf dieser Welt. Und sie wusste, dass jetzt, wo eine andere Seele sie anschauen konnte, ohne sich unsterblich zu verlieben, alles in ihrem Leben besser werden würde. Sie hatte Hilfe und eine kleine Familie und damit würde sich ihr Leben endlich zum Guten wenden.

So war es auch: Gemeinsam fanden die beiden Frauen einen Weg, den Bann der Wasserfrau zu brechen, denn zu zweit geht alles leichter. Was allein unmöglich erscheint, ist mit der Hilfe von anderen machbar. Und wenn sie nicht gestorben sind, dann leben die Wasserfrau und das Mondmädchen immer noch glücklich und manchmal traurig in den Flussauen der Schwalm.

Tour 11

Startpunkt

Zwischenziele

Parkplatz

Haltestelle

Zielpunkt

Gastronomie

Sehenswürdigkeit

Kunstobjekt

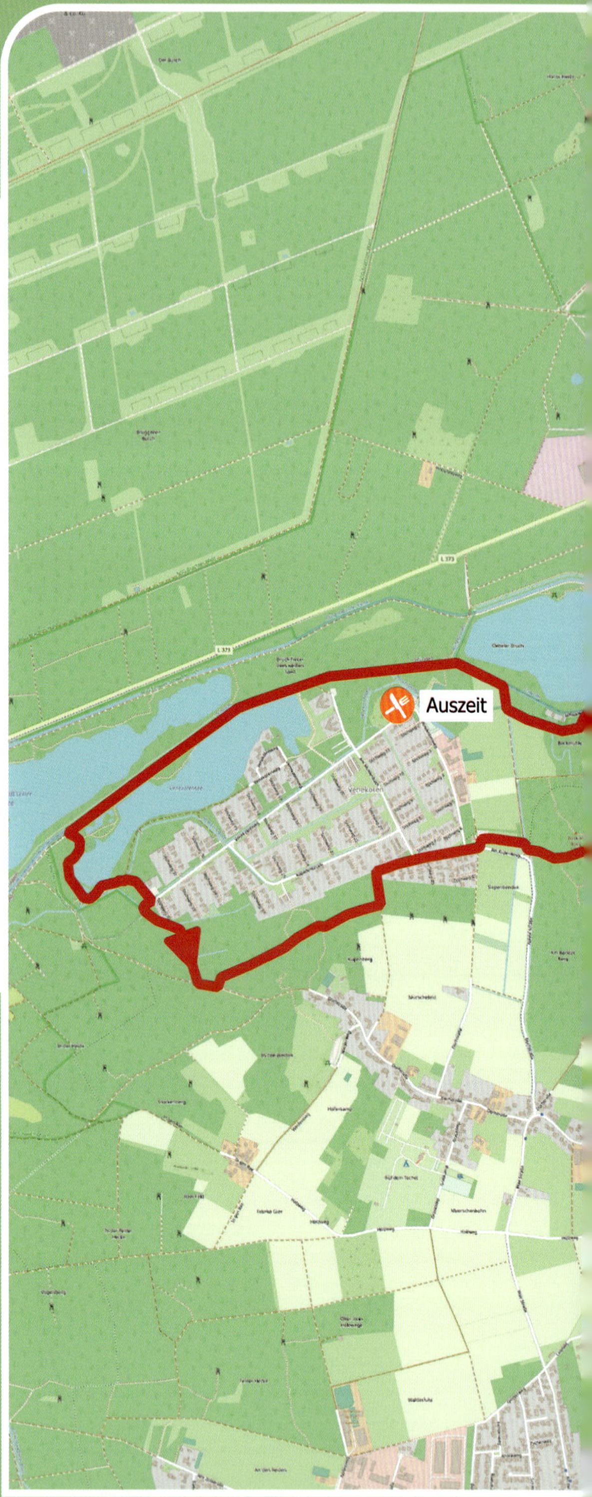

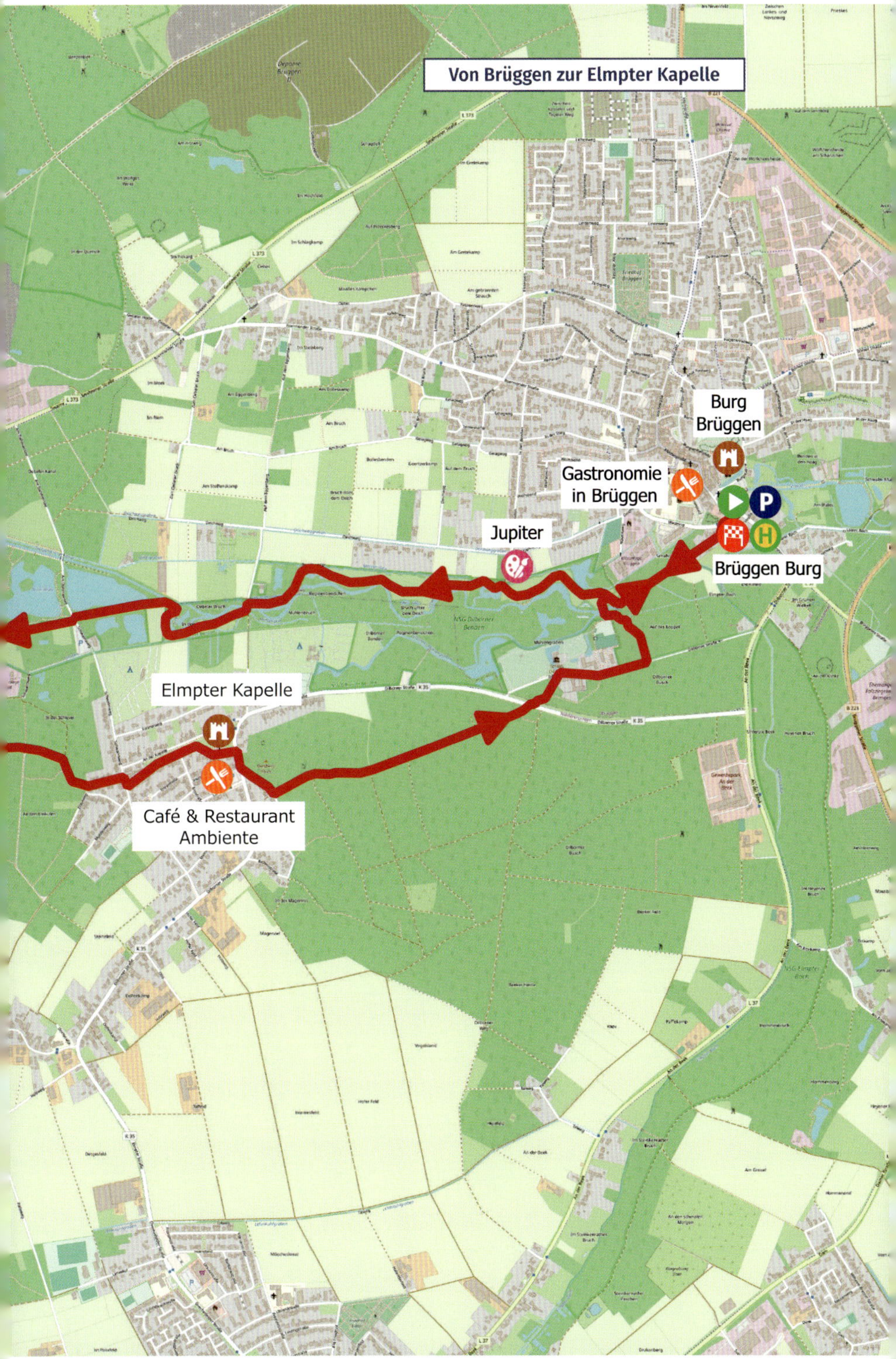
Von Brüggen zur Elmpter Kapelle
Burg Brüggen
Gastronomie in Brüggen
Jupiter
Brüggen Burg
Elmpter Kapelle
Café & Restaurant Ambiente

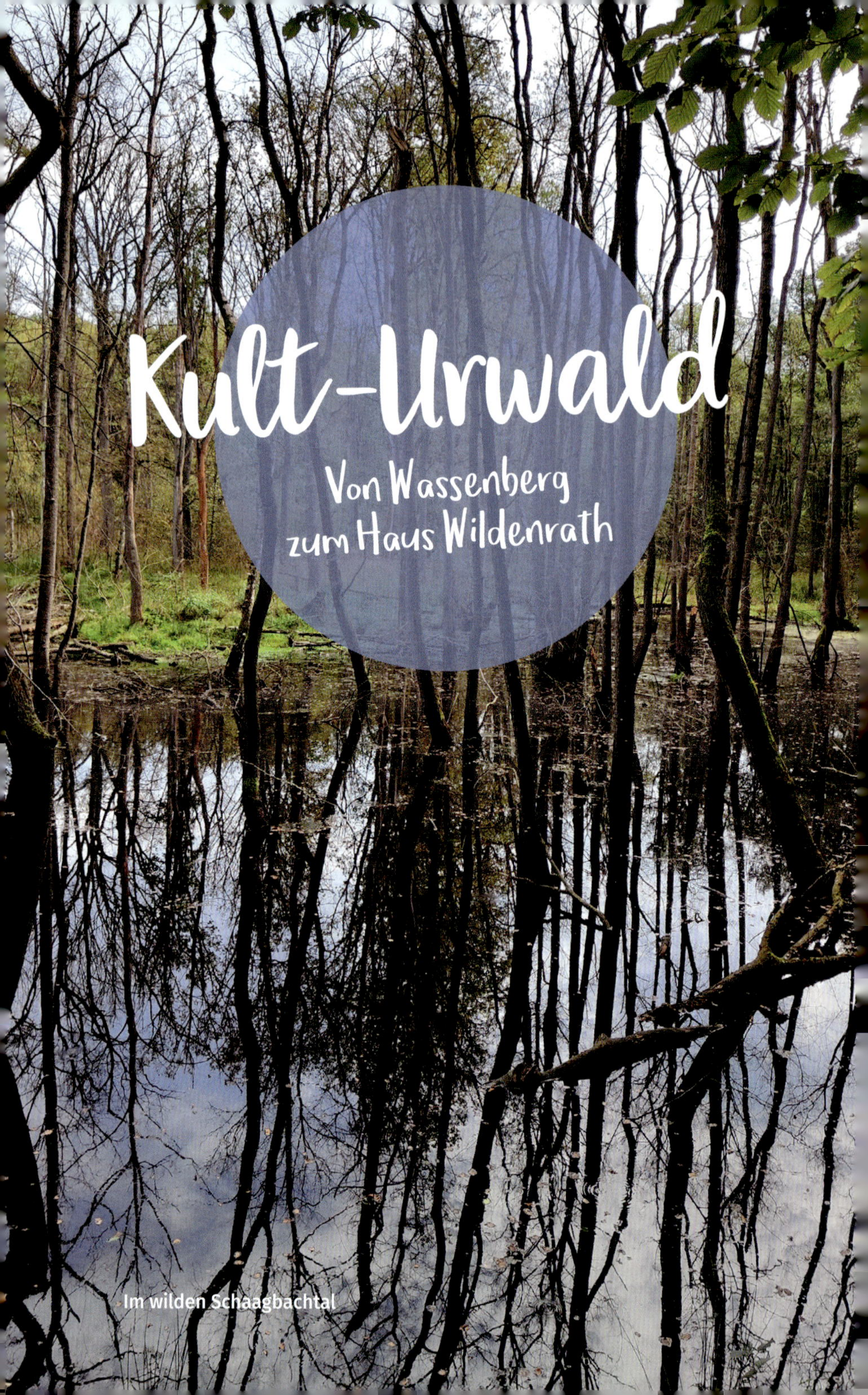

Im wilden Schaagbachtal

Hauptattraktion dieser Route ist die Natur. Der „Birgeler Urwald" hält absolut, was er verspricht, vor allem das Schaagbachtal ist ein einzigartiger Naturraum: Seine Moor- und Seenlandschaft, aus der die Auenwälder wachsen, ist überraschend und geradezu mystisch. Dazu passt, dass wir rund um Birgelen und Wassenberg auf sehr geschichts- und legendenträchtigem Boden wandeln: Schon in vorgeschichtlicher Zeit lagen hier Opfer- und Kultplätze und an der Bergkirche auf dem Birgelener Friedhof und am Pützchen wird erfahrbar, dass diese Geschichte bis heute ihre Fortsetzung findet. Ähnlich gilt das auch für die kleine Stadt Wassenberg: Sie bietet zeitgemäße freundliche Gastfreundschaft in historischem Ambiente.

Tour 12

3:00 Std. | 12 km | 43 m

Start/Ziel: Naturpark-Tor Wassenberg, Pontorsonallee 16, 41849 Wassenberg
Wegbeschaffenheit: fast ausschließlich Waldwege, nur kurze asphaltierte Wegstrecken
Parken: Parkplatz am Naturpark-Tor
Anreise mit ÖPNV: Bushaltestellen Wassenberg Kirchstraße oder Parkstraße

Wegbeschreibung: Vom Parkplatz aus wenden wir uns noch vor dem Naturpark-Tor Wassenberg nach rechts und erreichen im Wald eine große Kreuzung. Wir wählen den zweiten Weg von rechts und gehen geradeaus bis zu einem Weiher. Dort wenden wir uns nach links und vor dem Gebäude wieder links. Nun überqueren wir die Straße und gehen gegenüber zwischen Supermarkt und Geschäftszeile geradeaus. Linksherum geht es nun über den Parkplatz und dann die Stufen hinauf.

Vor der Schule zweigen wir nach links ab und gehen dann rechts bergan, bis wir den Friedhof erreichen. Um diesen gehen wir rechts herum – das bedeutet, dass wir an seinem rechten Rand ein Tor durchqueren müssen. Hinter dem zweiten Tor nutzen wir die erste Gelegenheit, nach rechts zu gehen. Der breite Weg leitet zu einem Picknickplatz, wo wir der Markierung mit dem X nach links zum Birgelener Pützchen folgen. Auch hier orientieren wir uns an dem X, was bedeutet, dass wir uns an der Kapelle vorbei links halten, dann aber an der Gabelung schräg rechts gehen. Auch das gelb-rote Zeichen des Maas-Niederrheinpfads schenkt Orientierung. Außerdem ist das Nabu-Haus Wildenrath bereits beschildert.

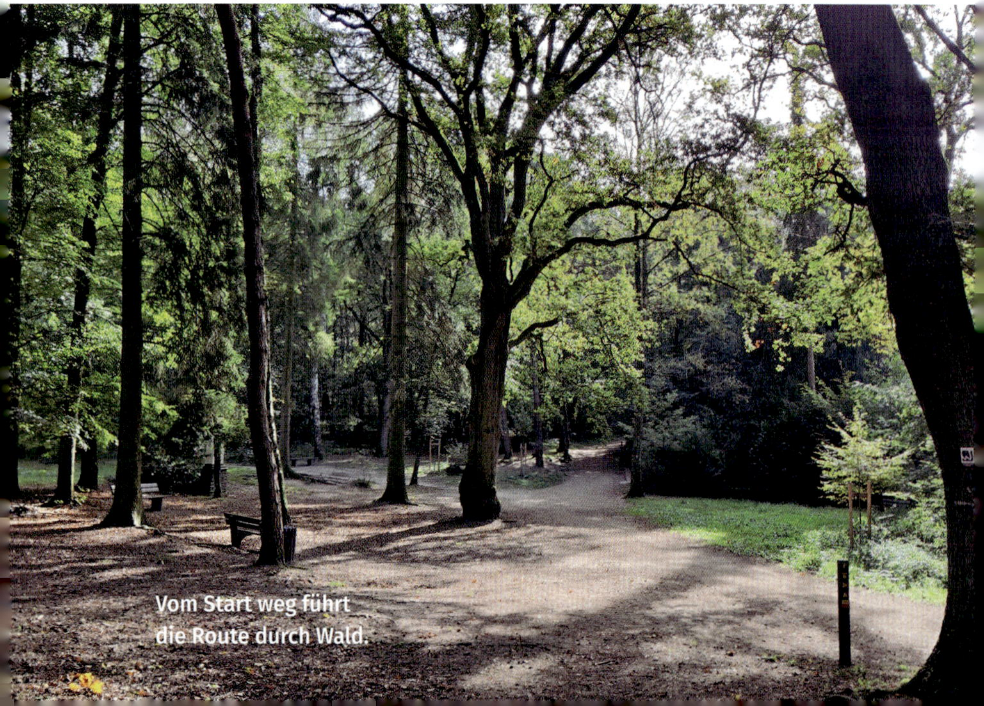
Vom Start weg führt die Route durch Wald.

Tipp

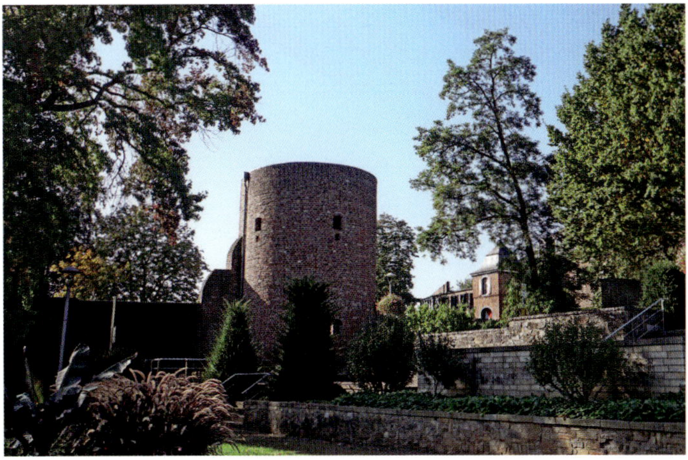

Stadt und Burg Wassenberg

Nur wichtige Städte erhielten im Mittelalter das Münzrecht. Schon 1273 wurde Wassenberg damit ausgestattet, zusätzlich zur eigenen Gerichtsbarkeit und natürlich dem Marktrecht. Damit war der Reichtum vorprogrammiert, aber auch die Notwendigkeit wie die Fähigkeit, sich vor Kriegen und Angriffen zu schützen. Die Stadtbefestigung, die um die Unterstadt herum errichtet wurde, ist in Teilen noch heute zu besichtigen. Wahrzeichen der Stadt seit dieser Zeit ist der auf dem Burgberg thronende Bergfried. Der quadratische Turm aus Backstein wurde um 1410 erbaut und war Wohnsitz der Vögte. Heute dient die Höhenburg als Veranstaltungsort, die Aussichtsplattform mit ihren sieben Panoramatafeln ist aber öffentlich zugänglich. Die Sicht ins Maasland und über das Rurtal bis zur Eifel ist lohnenswert. Den dafür nötigen Schlüssel gibt die Rezeption des gleich nebenan liegenden Hotels Burg Wassenberg gegen ein Pfand heraus.

Hinweis:

Die Tourist-Information befindet sich im Naturpark-Tor des Naturparks Schwalm-Nette, Pontorsonallee 16, 41849 Wassenberg, Tel. 02162/81709450.

Am Weg

Birgelener Pützchen

Seit mehr als 1300 Jahren ist der Ort im Wald, wo über einer Quelle die kleine Kapelle steht, Anziehungspunkt für Wallfahrerinnen und Wallfahrer. Zahlreiche Votivtafeln im Inneren der Kapelle zeugen von ihren Hoffnungen

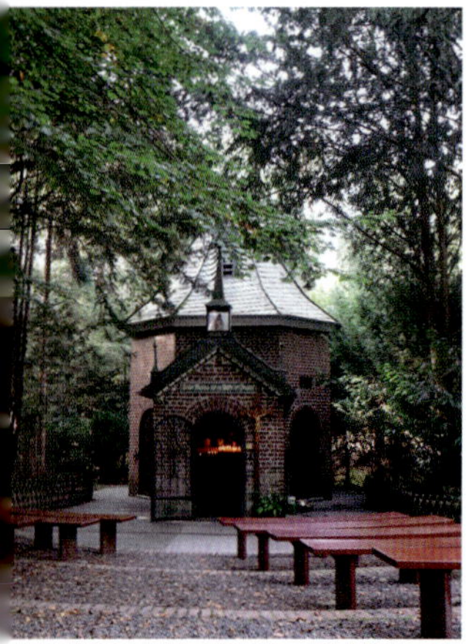

und ihrer Dankbarkeit der Gottesmutter Maria gegenüber. Wann genau hier ein Marienbild aufgestellt wurde, ist nicht bekannt. Laut Legende geht es auf einen Mann zurück, der sein Leben dem Quellwasser verdankte. Sein Jagdgefährte hatte damit seine Bisswunden ausgewaschen, die ihm ein Bär zugefügt hatte. Der Marienwallfahrtsort war geboren, urkundlich belegt ist die Wallfahrt seit 1718 – zahlreich besucht auch wegen eben jener Quelle, deren Wasser gegen Augenleiden und andere Krankheiten helfen soll und das bis heute über einen Brunnen geschöpft werden kann.

Angeblich stand hier schon ein Heiligtum, als die ersten christlichen Missionare in die Gegend kamen, namentlich der heilige Lambertus, der laut Legende in Birgelen getauft worden sein und eine Kirche an den Platz eines heidnischen Tempels gebaut haben soll. Nachweislich bis in die Römerzeit historisch belegt ist eine Kult- und Opferstätte an der Stelle, wo heute die Friedhofskapelle steht.

An der nächsten Kreuzung verlassen wir das weiß-blaue „Birgeler Urwald"-Zeichen und folgen dem X und der rot-orangen Markierung nach rechts und dann an der kleinen Straße vor den Häusern nach links. In den Baronsweg biegen wir rechts ein und hinter dem Wiesenweg gehen wir auf dem asphaltierten Weg links.

Auf der gegenüberliegenden Seite der Querstraße, „Entenpfuhl", führt gleich rechts des kleinen Picknickplatzes ein Pfad geradeaus in den Wald, wo wir uns an der Gabelung rechts halten. Auf der Kuppe folgen wir den Wanderschildern nach links leicht bergab und nehmen die erste Möglichkeit nach rechts.

Der schmale Pfad leitet auf einen etwas breiteren Querweg, in den wir auf den „Traumweg wildes Schaagbachtal" rechts abbiegen. Auch die anderen Markierungen, die uns bisher begleitet haben, geleiten uns bis zu einer Straße. Vom gegenüberliegenden Wanderparkplatz zweigt der „Traumweg" nach rechts ab und trifft dann auf den besser erkennbaren Weg, der wieder mit dem weißen W auf blauem Grund und mit dem X markiert ist. Wir entscheiden uns dafür, dieser letzteren Markierung zu folgen und wenden uns an der Gabelung rechts. Vor dem Feld wandern wir nach links und an seinem Ende rechts. Hier folgen wir nun wieder dem „Traumweg" und dem W.

Nach etwa der halben Strecke entlang des Felds biegt nach links ein Pfad ab, der rechts an einer Schonung vorbei bis zu einem Querweg führt. Dort zweigen nach rechts gleich zwei Wege ab, von denen wir den linken wählen, der mit der gelb-roten Markierung und dem weißen W auf blauem Grund beschildert ist. Im Wald halten wir uns

Am Weg

Haus Wildenrath

Die Grafen von Wassenberg besaßen schon im 13. Jahrhundert einen Hof an der Stelle, an dem das heutige Ensemble steht, das auch schon mehr als 300 Jahre alt ist und bis in die 1960er-Jahre als Bauernhof bewirtschaftet wurde. 1970 zog hier auf Initiative des Naturparks Schwalm-Nette das erste Umweltbildungszentrum Deutschlands ein. Seit 2003 betreibt der Naturschutzbund Deutschland (Nabu) die Naturschutzstation. Unsere Route durchquert das weitläufige Gelände und passiert unter anderem auch den Selbstbedienungsstand im Holzhaus. Je nach Saison variiert das Angebot, das auf Vertrauensbasis verkauft wird.

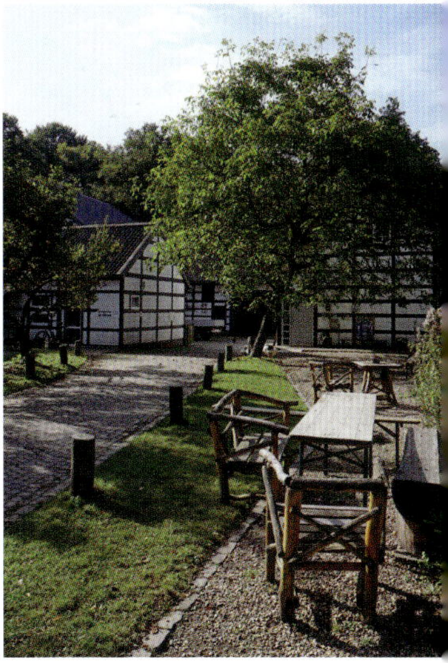

entsprechend an den beiden Gabelungen rechts. Bald wenden wir uns nach links, gehen über den Holzsteg und dahinter leicht rechts. Hinter den großen Buchen wieder im dichteren Wald angekommen halten wir uns geradeaus, und zwar auch dort, wo der „Traumweg" nach links abbiegt. An der Gabelung wandern wir nach links und gelangen so auf das Nabu-Gelände. Hinter der Scheune, in der man auch Kleinigkeiten kaufen kann, nehmen wir den Weg leicht links bergab zum Haus Wildenrath. Dahinter wandern wir sofort links und hinter dem Weiher rechts.

Nachdem wir einen Holzsteg überquert haben, geht es über eine Art Damm weiter und dahinter an der Gabelung links. Immer noch begleiten uns die bekannten Markierungen. Ihnen folgen wir auch dort, wo sie gegenüber der Obstwiese nach rechts leicht bergab zeigen. Weiter geht es über Holzbohlen, und hinter der kleinen Brücke halten wir uns an der Gabelung rechts auf dem Maas-Niederrheinpfad. In der Senke rechts von uns fließt der Schaagbach.

Hinter dem kleinen See wandern wir auf dem Damm nach rechts bis zum Dorfrand und dort links. Gleich außerhalb des Dorfes wählen wir an der Gabelung den linken Weg und wenden uns hinter dem Bach und der Leitplanke nach rechts. Für eine ganze Weile folgen wir nun dem Bachlauf, bis zum ersten Mal eine Brücke nach rechts hinüberführt. Wir bleiben auf der linken Seite des Baches und wenden uns entsprechend nach links.

In den breiteren Querweg schwenken wir nach rechts ein und gehen geradeaus über das Sträßchen. Etwa 200 Meter dahinter verlassen

Info

Schaagbachtal

Hinter Haus Wildenrath wartet das wilde Schaagbachtal. In dem Naturschutzgebiet haben die Quellen von fünf Bächen eine einzigartige Landschaft mit kleinen Seen und Auenwäldern, Mooren und Feuchtheiden geschaffen, die seltenen Tieren und Pflanzen Lebensraum bietet, darunter dem Eisvogel und dem Schwarzspecht, der in Nordrhein-Westfalen vom Aussterben bedrohten Libelle „Gemeine Keiljungfer" oder der Kreuzkröte.

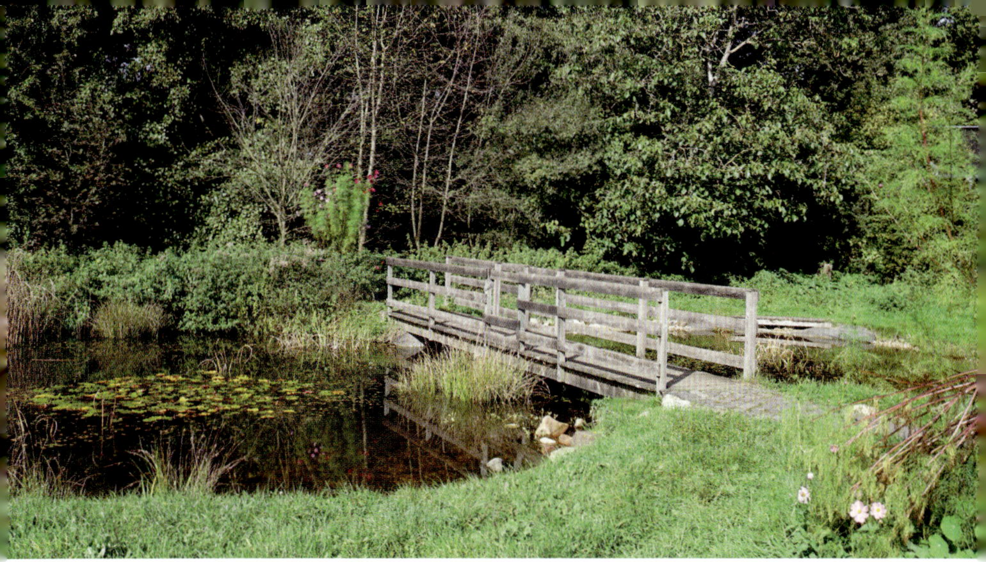

Bei Haus Wildenrath

wir die gelb-orange Markierung, die hier nach rechts abzweigt, und wählen stattdessen den Weg nach links, der leicht bergan führt.
Auf der Anhöhe gelangen wir an einen Querweg, der uns leicht rechts weiterführt, bis wir schon bald bei nächster Gelegenheit links abbiegen. Nach der Rechtskurve wandern wir geradeaus weiter, auch über den Querweg hinweg, halten uns an der Gabelung allerdings links und wenden uns parallel zur Straße auf dem Pfad nach rechts. Schließlich steigen wir die Stufen hinunter zur Straße und folgen dieser nach rechts, bis hinter dem Haus mit der Nummer 56 unsere Route nach links weiterführt.
Wir gelangen am Ortsrand an eine Kreuzung und wählen den einzigen nicht asphaltierten Weg, den schmalen Pfad, der gleich gegenüber bergan in den Wald führt. Wir halten uns immer rechts in der Nähe des Waldrandes und stehen bald unter der „Bergkirche" genannten Friedhofskapelle. Geradeaus gelangen wir an den Kreuzweg und gehen leicht links gegenüber weiter auf dem Pfad bis zu einer kleinen Brücke.
Dahinter schwenken wir nach links auf den Schotterweg ein und gehen geradeaus, bis wir vor einem kleinen Bambushain stehen. Hier gehen wir ein paar Meter nach rechts versetzt geradeaus. Die alte Eisenbahntrasse führt uns unter zwei Unterführung hindurch zurück zum Naturpark-Tor Wassenberg.

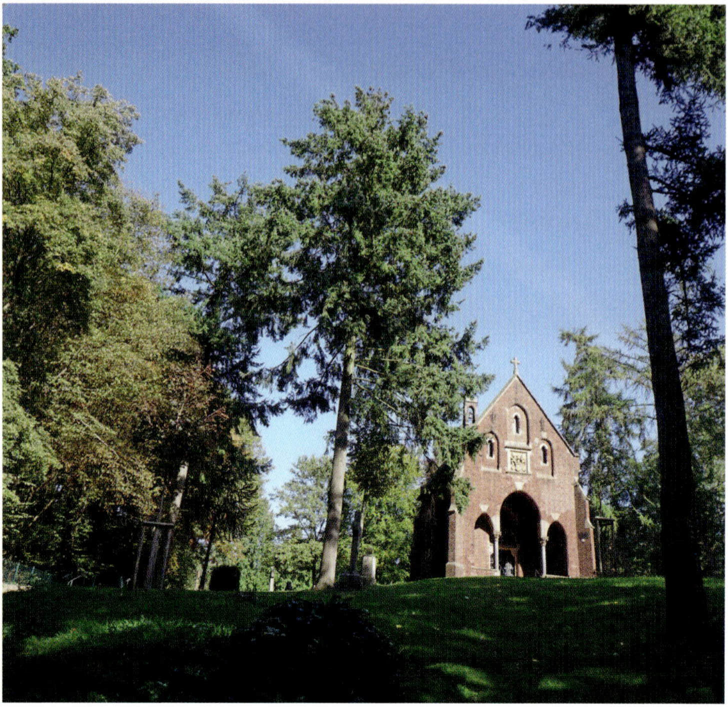

Die Bergkirche

Abstecher nach Wassenberg

Wer Lust hat, schließt hier eine Runde durch das historische Dörfchen an. Dafür zweigen wir rechts in Fischers Gässchen ab. Vor der Kirche rechts abgebogen wandern wir auf der gegenüberliegenden Straßenseite auf dem Burgberg links die Stufen hinauf. Nun können wir den Schildern des „Historischen Rundgangs" folgen. Der ist drei Kilometer lang und gibt auf zahlreichen Hinweistafeln Auskunft über die historischen Stätten. Abkürzungen sind jederzeit möglich!

Hinweis:
Ein Flyer liegt im Naturpark-Tor aus oder kann heruntergeladen werden unter www.wassenberg.de/assets/2017/02/Flyer-Historischer-Rundgang-deutsch.pdf

Als der Riese das Kindlein verlor

Kennt ihr den heiligen Christopherus? Es gibt bis heute kaum ein Auto, in dem er nicht neben einem kleinen Schutzengel für eine sichere Fahrt sorgen soll. Was kaum einer weiß: Dieser populäre Riese, der heute mit dem Jesus-Kind auf der Schulter dargestellt wird, ist noch viel älter als die christliche Religion. Das Birgelener Pützchen, an dem sich ebenfalls christliche Legenden und uralte keltische Sagen begegnen, ist genau der richtige Ort, um sich dieser Gestalt zu nähern: dem Riesen, dem grünen Mann, dem Fährmann ...

Es war einmal zu einer Zeit, als man noch an Riesen und Geister, Göttinnen und Götter und die Wiederkehr der Seelen glaubte. Da lebte eine Druidin im Wald am Birgelener Pützchen. Für sie waren die Quellen heilig, genau wie die Wälder und Seen, Flüsse und Steine. Sie wusste, dass allen Dingen eine Seele innewohnte, auch wenn sie noch so starr und leblos wirkten. „Was habt ihr Steine schon alles gefühlt und gesehen", murmelte sie manchmal, wenn sie einen von ihnen in Händen hielt: „Wenn ihr mir nur all diese Geschichten erzählen könntet."

Alles, was sie wusste, hatte sie von ihrer Großmutter gelernt, jahrelang war sie ihr durch den Wald gefolgt und hatte sie zu den Kranken begleitet, bis sie selbst zur Heilerin geworden war. Sie achtete auf den Stand der Sonne, des Mondes, auf die Zeichen der Natur und ihre Jahreszeiten.

Die Menschen kamen zu ihr, wenn sie ein Problem hatten. Sie klopften an ihre Hüttentür: „Aigneis, öffne uns, wir brauchen dich!", und bekamen Hilfe und Unterstützung. Die weise Frau heilte und spendete Trost, redete gut zu und wusste meist einen Rat. Doch an einem Punkt, da war auch sie machtlos: Nämlich dann, wenn der Gevatter Tod an die Tür klopfte. Es gab noch keine Krankenhäuser, kein Antibiotikum, keine Impfungen und für viele Krankheiten einfach keine Hilfe.

So geschah es im Haus des Bauern Broich, dass ein Kind, ein blondgelocktes, strahlendes und von allen geliebtes Knäblein, plötzlich krank geworden war. Das Fieber stieg rasant an und die Mutter rief sofort nach Aigneis. Diese erschien mit all ihren Kräutern und Pilzen, Steinen und Sprüchen. Doch als sie das Kindlein sah – das auch sie sehr liebte, weil es außergewöhnlich sanft und liebreizend war – wusste sie, dass ihre Kräfte nicht ausreichen würden, um es in dieser Welt zu halten.

Die ganze Sippe war versammelt, um für Broid zu beten. Keiner wollte den Knaben mit dem goldgelockten Haar verlieren. Es schien ihnen, als ob es ein schlimmes Omen wäre, wenn gerade er vom Gevatter Tod frühzeitig geholt werden würde. Und so standen sie still in der Stube und warteten, was die Heilerin vorschlagen würde: „Ich kann nichts machen, es scheint mir eine Krankheit zu sein, die ich mit meinen Kräutern und Mitteln nicht heilen kann", seufzte sie: „Wir können nur beten und ich rufe den Riesen mit dem hölzernen Stab – den Fährmann der Seelen – er allein kann jetzt noch helfen. Ich werde in den Wald gehen und ein Opfer bringen, um die Götter zu besänftigen. Wer mitkommen möchte, gehe mit mir, um mich zu unterstützen." Und so kam fast die ganze Sippe hinter ihr her, um für den kleinen Broid zu bitten.

Nur die Mutter und die beiden Schwestern blieben am Bett des Jungen zurück. Sie trockneten seine Stirn und schlugen seine Füße in kühlende Tücher. Der Junge atmete kaum noch, war blass und fahl. Seine Augenlieder flatterten und sein Mund murmelte unverständliche Worte. Plötzlich war es, als käme eine riesige Gestalt in den Raum. Die Dielen knackten und die Hütte erbebte. Die Frauen erschraken und schlossen ihre Augen. Als sie sie wieder öffneten, war der Knabe verschwunden. Er lag nicht mehr in seinem Bett. Ängstlich rannten sie hinaus, in der Annahme, dass der Knabe in seinem Todeskampf vor die Türe gelaufen war – doch alles war ruhig. Sie nahmen sich an den Händen und fingen an zu weinen. Sie konnten sich nicht erklären, was passiert war.

Währenddessen waren die Männer und Frauen des Dorfes vor der heiligen Quelle versammelt. Sie beteten und brachten ihre Opfer. Die Heilerin wies die Menschen an, sich zu konzentrieren und alle Energie in die Heilung des Jungen zu senden. Und da jeder im Ort den Jungen gernhatte und alle sich nur auf diese strahlende und freudige Energie

konzentrierten, legte sich bald eine tiefe Ruhe und ein inniger Friede über den Platz rund um das Birgelener Pützchen.
Plötzlich war es genau wie im Haus des Bauern: Die Erde begann zu erbeben. Die Druidin hob als einzige den Kopf, um zu sehen was geschah, die andern ließen sich auf den Boden fallen und bedeckten ihre Gesichter. Tief bewegt rief sie: „Du hast ihn nicht über den Fluss getragen, sondern zu uns zurückgebracht!" Das Beben und Schaukeln hatte sich entfernt und zurück blieb der reglose, aber rosige Körper des Knaben.
Als sich die Druidin über ihn beugte, schlug er die Augen auf und lächelte sie an. Die Dorfbewohner rappelten sich auf: „Ein Wunder!", rief einer: „Er ist uns nicht genommen worden!", ein anderer. Fröhliche Worte schwirrten nur so durch die Luft und alle lachten und freuten sich. Die Druidin aber nahm den Jungen in die Arme, bedeckte seinen Körper mit ihrem langen Mantel und sprach: „Der riesige Fährmann hat dich zu uns zurückgebracht. Er konnte dich nicht über den Fluss tragen. Warum?" Der Knabe sah sie mit seinen hellen Augen an: „Er hat mich verloren", flüsterte er: „Ich bin ihm von der Schulter gerutscht", und ein verschmitztes Lächeln erschien auf seinem Gesicht, das von Geheimnissen und Wundern nur so leuchtete.
Als die Heilerin das gesunde Kind in die Stube der Eltern trug – ihr könnt euch vorstellen, was dort passierte. Keiner wollte mehr schlafen, alle waren überglücklich und es wurde in dieser Nacht ein rauschendes Fest gefeiert. Von da an wussten alle, dass der hünenhafte Mann, den wir heute den heiligen Christophorus nennen, die kranken Menschen nicht immer über den Fluss mitnahm, sondern sie manchmal zu ihren Liebsten zurücktrug.
Am Birgelener Pützchen hat sich seit diesen Tagen vieles ereignet. Immer wieder wurden Menschen von ihren Krankheiten geheilt. Diese Magie ist auch heute noch spürbar.

Tour 12

Startpunkt

Zwischenziele

Parkplatz

Haltestelle

Zielpunkt

Gastronomie

Sehenswürdigkeit

Kulturstätte

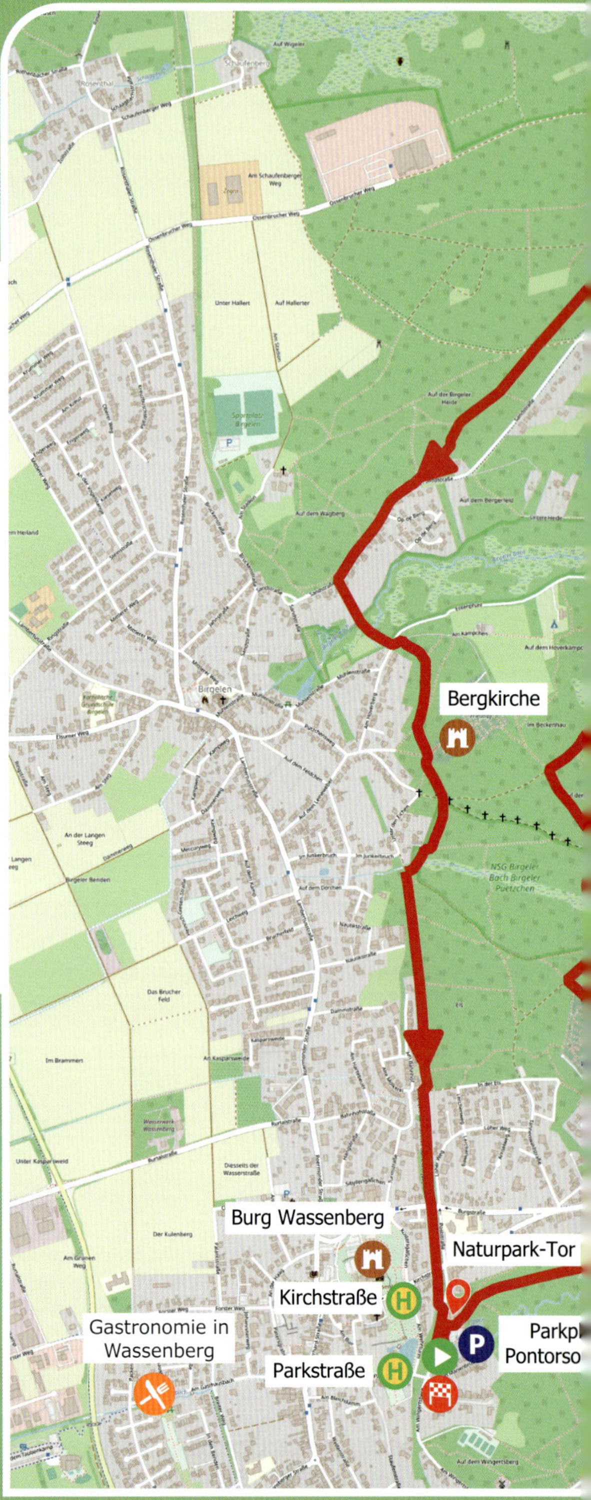

Praktische Hinweise

Da die vorgestellten Wege in die Natur führen, sind sie der Witterung und damit der Veränderung ausgesetzt. Sollten Sie feststellen, dass irgendwo unüberwindbare Hindernisse entstanden sind oder dass die Wegführungen sich verändert haben, dann sind Autorinnen und Verlag für einen Hinweis sehr dankbar.

Bitte beachten Sie, dass es sich bei den Zeitangaben um die reine Gehzeit handelt: Auf vielen der vorgestellten Touren ist am Wegrand so viel zu sehen und zu entdecken, dass Sie auf jeden Fall zusätzliche Zeit einplanen sollten. Und übrigens gilt generell: Wandern geschieht immer auf eigene Gefahr.

Alle Strecken in diesem Wanderführer sind unter normalen Umständen ungefährlich und leicht zu gehen. Sie eignen sich hervorragend für Ausflüge im ganzen Jahr – egal bei welchem Wetter.

Die GPX-Daten zu den Touren finden Sie unter
http://www.klartext-verlag.de/gpx-daten

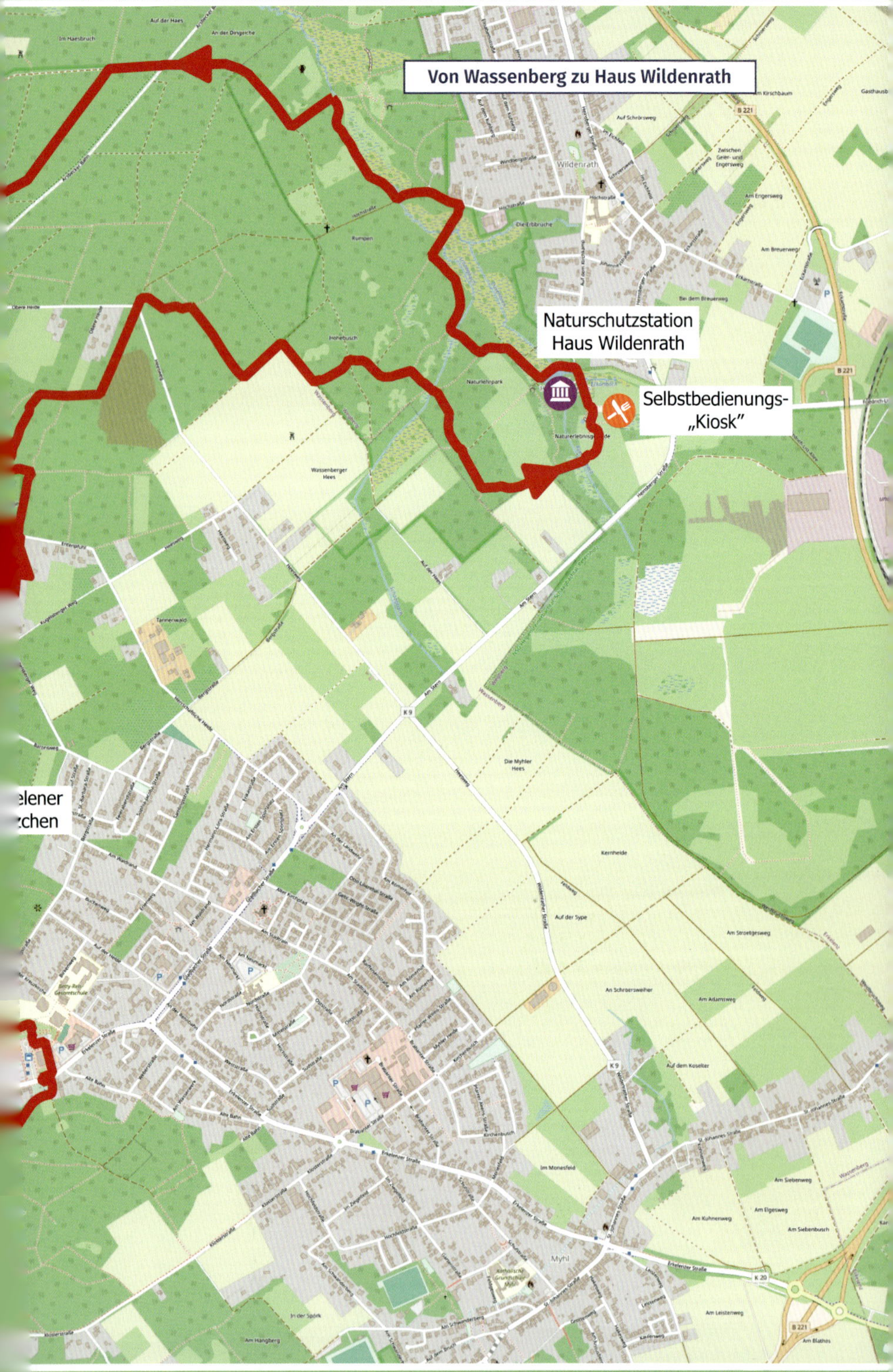
Von Wassenberg zu Haus Wildenrath
Naturschutzstation
Haus Wildenrath
Selbstbedienungs-
„Kiosk”
elener
zchen